国视教育研究书系

教育综合改革
实验区的研究与实践

李晓强 等 著

教育科学出版社

·北 京·

丛书编委会

（按姓氏笔画排序）

于发友　马晓强　王　素　王　燕　王小飞　方晓东
邓友超　田　凤　史习琳　刘　芳　刘占兰　刘明堂
刘建丰　刘贵华　刘俊贵　刘晓楠　齐亚琴　孙　诚
李　东　李晓强　杨九诠　杨润勇　吴　键　吴　霓
张男星　陈如平　所广一　单志艳　孟万金　袁振国
高宝立　徐长发　黄海鹰　葛　都　曾天山

丛书总序

为打造具有国家水准、国际视野的教育科研成果，更好地服务于办好人民满意的教育，服务于全面建成小康社会，在中央级公益性科研院所基本科研业务费专项基金的支持下，我院系统开展了对国内国际重大教育理论与实践问题的研究，形成了"国情、国视、国菁、国际"四大书系。

"国情"书系以年度发展报告的形式，全面反映我国各级各类教育的成就、经验和挑战，对全国各省、自治区、直辖市教育发展和政策进行区域比较，对我国各级各类教育的发展水平进行国际比较，力求对我国教育的数量、规模、结构、效益和质量做出科学判断。

"国视"书系着眼于社会关注的教育热点问题，着眼于基础性、前瞻性问题，以了解事实、回应关切、提供政策建议为主要目的，探索教育发展规律。

"国菁"书系专门研究大中小学生的生活状态，涉及学校生活、家庭生活、社会生活、网络生活等，通过调查研究，了解当代学生的行为特点和思想情感，为研究如何促进学生的全面发展提供科学依据。

"国际"书系分为著作和译作两类，主要反映国际教育改革发展动态，回顾国际教育的历史进程，跟踪国际教育的改革动态，把握国际教育的发展趋势。

四大书系既各自独立又相互联系，在保持各书系特点的同时，力求做到：

一、"用数据说话"。数据是研究和决策的基础。四大书系力图建立在数据和事实的基础之上，通过对数据的搜集、提炼、整合、分析，发现问题，探索规律。

二、"通过比较说话"。没有比较就没有鉴别。书系力求通过国别比较、区域比较、类型比较、结构比较，发现真知，提供卓见。

三、"协同创新"。协同创新是提高创新效率和创新水平的战略要求。书系研究调动院内外、系统内外、国内外资源，注重人员交叉、学科交叉、方法交叉，力求有所创新、有所突破。

四大书系的编辑出版是我院全面提高教育科研水平的一项整体努力，也是建设国家一流教育智库的客观要求。在研究和写作过程中，书系得到了相关机构和同仁的大力支持，特别是得到了教育部相关司局及有关部委的大力支持，在此一并致谢！我们将以此为起点，不懈努力，为推动中国教育事业在新的历史起点上向前发展发挥不可替代的作用。

中国教育科学研究院
2012 年 12 月

目 录
CONTENTS

［前 言］

当前，教育改革已进入"深水区"，面临着很多新情况和新特点。一方面，表层问题已较好解决或者有了解决的方案，但深层次矛盾逐渐凸显出来；另一方面，社会发展日益多元化，难以用简单的方法满足不同群体的诉求，必须走综合改革的道路。这就要求统筹协调方方面面的力量，协同推进人事制度、管理制度、经费投入制度等方面的改革，把教育改革作为一项系统工程来抓。

基于这一考虑，为进一步发挥服务决策、创新理论、指导实践的功能，中国教育科学研究院（以下简称"中国教科院"）形成了开展区域教育综合改革实验的设想。同时，我们认识到，政府作为教育管理的主体，行政区层级过高，地理空间、教育总量会很大，改革效果不可预期；行政区层级过低，无法有效统筹本区域人财物等关键要素，改革很难顺利推进，区县可能是教育综合改革实验的理想区划。令人欣喜的是，这一设想得到地方人民政府和教育行政部门的高度认同，中国教科院教育综合改革实验区应运而生。

2008 年 5 月，中国教科院与杭州市下城区人民政府共同创建了中国教科院杭州下城教育综合改革实验区，此后，又先后与成都市青羊区、大连市金州新区、深圳市南山区、宁波市鄞州区、重庆市九龙坡区共建教育综合改革实验区。

中国教科院与六区人民政府精诚合作、锐意进取，力求以先进的理念、科学的方法、高效的机制、合理的制度来推进教育综合改革实验区的科学发展。经过反复研讨，我们确定了"院区共建、整体推进、科研引领、创新发展"的工作方针。同时，我们还建立了有效的机制：一是专家常驻机制，中国教科院向各实验区派驻高素质专家工作组，作为科研力量的前沿部队，参与实验区建设的全过程，提供实时的、全方位的业务咨询和指导；二是决策参与机制，专家工作组通过与实验区教育行政部门领导直接沟通、参加领导班子办公会、参与重要政策咨询论证等多种形式，为实验区教育决策献言献策；三是课题引领，以实验区核心发展任务为重点，以双方科研资源为依托，院区共同申报研究课题，以系统的教育科学研究为实验区建设提供理论支撑和智力支持；四是区际联动，以项目合作为主要载体，各实验区之间共享优质教育资源、相互学习借鉴，共同探索解决区域教育改革发展的热点、难点问题；五是特色发展，充分尊重实验区的实际情况和个性化需求，在全面推进教育综合改革的基础上，创新实施路径和工作方法，打造不拘一格、各有特色的实验区发展模式。

在各区区委、区政府的有力领导下，在各区教育行政部门的精心培育下，在广大校长和教师的积极参与和努力下，教育综合改革实验区工作不断取得新进展，实验区整体水平不断提升：各实验区区委、区政府进一步加大了对教育工作的支持力度；社会对本地区教育工作给予了更多理解、关心和支持；各地教育改革和创新积累了越来越多的成功经验，强化了已有的特色和优势；实验区联盟加快形成。几年下来，各区也逐渐形成了各具特色的改革发展模式：杭州市下城区的"高位均衡、轻负高质"模式，成都市青羊区的"城乡统筹、质量领先"模式，大连市金州新区的"多元开放、国际融合"模式，深圳市南山区的"追求卓越、打造一流"模式，宁波市鄞州区的"高位提升、惠及全民"模式。

本书通过对教育综合改革实验区发展的认识论研究，深入挖掘中国教科院教育综合改革实验区发展特色，全面总结和系统反映教育综合改革实验区成立的背景、发展历程、工作成绩与成效，高位提炼教育综合改革实验区发展模式；同时，服务教育综合改革实验区决策科学化需要，提出系统化的对策与建议，以期促进教育综合改革实验区的可持续发展。

　　第一章，教育综合改革实验区的背景与意义。本章回顾了改革开放30多年来教育改革发展的进程，指出教育综合改革经历了认识不断深化的过程，教育综合改革在国家教育体制改革中的战略地位日益凸显。结合教育发展新形势、国家教育发展战略，以及地方加快教育发展、提升教育质量的需要，分析教育综合改革实验区创建的背景；探讨教育综合改革实验区的创建对助推国家教育改革发展大局、探索区域教育发展模式和创新区域教育发展理论的重要意义。

　　第二章，教育综合改革实验区的顶层设计。本章主要从三个方面进行探讨：一是从院区共建、整体推进、科研引领、创新发展四个方面详尽阐述了教育综合改革实验区的工作方针；二是从具有代表性、考虑实验性和体现时代性三个方面探讨了创建教育综合改革实验区的战略布局；三是从制度创新的意义、制度创新的内容及制度创新的途径等方面探讨了教育综合改革实验区的制度创新。指出，专家常驻、综合改革、课题引领、特色发展和区际联动是教育综合改革实验区制度创新的重要内容，从强制性制度创新与诱致性教育制度创新两方面论述了教育综合改革实验区制度创新的实践路径。

　　第三章，教育综合改革实验区的发展模式。本章根据教育改革与发展的科学规律和理论，力图清晰、完整地勾勒出中国教科院各个教育综合改革实验区建设发展的动态历程和图景，并从实验区建设发展的成功经验、特色成果和突出成就中，深刻揭示和提炼出具有一定借鉴意义与推广价值的区域教育发展模式。下城实验区紧紧围绕教育公平和教育质量两大主题，卓有成效地创造了"高位均衡、轻负高质"的下城发展模式。青羊实验区提出并形成了"城乡统筹、质量领先"的发展模式，力求使每一所学校得到提升，每一位教师得到成长，每一个学生享受到优质、均衡、公平的教育。在如何通过改革创新保证区域教育各种资源和各种制度体制的系统运行方面，金州新区实验区提出并践行了"多元开放、国际融合"的发展模式。南山实验区实现了从农村教育到城市教育，再到现代化教育的两度历史性跨越，成功地践行了"追求卓越、打造一流"的发展模式。鄞州实验区在遭遇城市化发展过快以致优质教育资源相对欠缺等诸多教育发展的"高原"瓶颈与挑战时，从全局的高度前瞻性地提出了"高位提升、惠及全民"的战略目标和发展模式。

第四章，教育综合改革实验区的成绩与成效。首先，促进了区域内教育发展水平提升，主要体现为：教育理念变先进；教育规划能先行；教育制度有保障；教育改革力度大；教育质量稳提升。其次，从区际联动发展的具体实践及区际联动对区域教育发展的推动作用两方面论述了教育综合改革实验区区际联动的发展实践。再次，从下城实验区教育学术之区构建卓有成效、青羊实验区教育现代化探索稳步前进、金州新区实验区三元探索扎实深入、南山实验区项目推进模式扎实有效及鄞州实验区幸福教育全方位推进等方面，系统总结了教育综合改革实验区在繁荣区域教育理论研究和深化区域教育科研的实践探索中取得的成绩。最后，促进中国教科院战略转型。实验区专家常驻机制与项目专家制，已成为中国教科院锻炼队伍以及选拔、使用人才的重要渠道，为中国教科院的战略转型培养储备了大量人才。

第五章，教育综合改革实验区深化发展战略。本章从坚持教育科研兴教、深化课堂教学改革、加大改革实验力度、打造特色品牌项目、建设实验区联盟五个层面总结、论述了教育综合改革实验区可持续发展的策略。

[第一章]

教育综合改革实验区的背景与意义

2008 年 5 月，中国教科院与杭州市下城区人民政府共同创建了中国教科院杭州下城教育综合改革实验区，此后，又先后与成都市青羊区、大连市金州新区、深圳市南山区、宁波市鄞州区、重庆市九龙坡区人民政府共建教育综合改革实验区。2010 年 11 月 10 日《光明日报》对中国教科院教育综合改革实验区进行了专题报道："中国教育科学研究院在全国不同区域设立教育综合改革实验区，以小带大，进而带动全国教育的整体均衡发展，这些模式正逐步成为国内区域教育改革发展的新亮点。"① 在教育改革进入深水区和攻坚期的背景下，中国教科院教育综合改革实验区的设立，既是探索区域教育综合改革道路的一种努力尝试，也是为办人民满意的教育积累更多的经验。

一、当代中国教育发展史是一部改革史

当代中国教育的发展史就是一部改革史。从 1985 年的《中共中央关

---

① 靳晓燕. 上好学校不是梦 [N]. 光明日报，2010 – 11 – 10.

于教育体制改革的决定》，到 1993 年的《中国教育改革和发展纲要》，再到 2010 年的《国家中长期教育改革和发展规划纲要（2010—2020 年）》，改革始终是主旋律。

（一）改革开放 30 多年来教育改革进程回顾

1985 年发布的《中共中央关于教育体制改革的决定》（以下简称《决定》）对当时教育发展面临的严峻挑战进行了深入分析，认为："面对着我国对外开放、对内搞活，经济体制改革全面展开的形势，面对着世界范围的新技术革命正在兴起的形势，我国教育事业的落后和教育体制的弊端就更加突出了。"《决定》还指出了存在的主要问题：一是"在教育事业管理权限的划分上，政府有关部门对学校尤其是对高等教育学校统得过死，使学校缺乏应有的活力；而政府应该加以管理的事情，又没有很好地管起来"。二是"在教育结构上，基础教育薄弱，学校数量不足、质量不高、合格的师资和必要的设备严重缺乏，经济建设大量急需的职业和技术教育没有得到应有的发展，高等教育内部的科系、层次比例失调"。三是"在教育思想、教育内容、教育方法上，从小培养学生独立生活和思考的能力很不够，发挥立志为祖国富强而献身的精神很不够，生动活泼地用马克思主义思想教育学生很不够，不少课程内容陈旧，教学方法死板，实践环节不被重视，专业设置过于狭窄，不同程度地脱离了经济和社会发展需要，落后于当代科学文化的发展"。应该说，这些判断从总体上揭示了当时教育体制方面的主要问题和落后状况。

《决定》在分析上述问题后提出："中央认为，要从根本上改变这种状况，必须从教育体制入手，有系统地进行改革。改革管理体制，在加强宏观管理的同时，坚决实行简政放权，扩大学校的办学自主权；调整教育结构，相应地改革劳动人事制度。还要改革同社会主义现代化不相适应的教育思想、教育内容、教育方法。"除此之外，《决定》的主体内容还包括："把发展基础教育的责任交给地方，有步骤地实施九年义务教育"；"调整中等教育结构，大力发展职业技术教育"；"改革高等学校的招生计划和毕业生分配制度，扩大高等学校办学自主权"；等等。可见，《决定》是把改革管理体制，扩大学校的办学自主权，调整教育结构，改革教育思想、教育内容、教育方法等都归并为教育体制改革的内容了。

1993 年，中共中央、国务院印发《中国教育改革和发展纲要》（以下简称《纲要》），其中第三部分是"教育体制改革"。《纲要》的内容主要包括："改革办学体制。改变政府包揽办学的格局，逐步建立以政府办学为主体、社会各界共同办学的体制"；"深化中等以下教育体制改革，继续完善分级办学、分级管理的体制"；"深化高等教育体制改革"；"改革高等学校的招生和毕业生就业制度"；"完善研究生培养和学位制度"；"改革对高等学校的财政拨款机制"；"参照高等学校招生、毕业生就业制度改革的精神，加快改革中专、技校招生、毕业生就业制度"；"积极推进以人事制度和分配制度改革为重点的学校内部管理体制改革"；等等。

如果说 1985 年的《决定》是根据当时加快经济建设，需要多出人才、出好人才的要求，整个教育跟上经济发展形势的背景，确定要以改革体制为关键，来加快义务教育进程，发展中等教育的普高和职高为主要任务，那么 1993 年的《纲要》是随着社会主义市场经济体制的建设，要建立一个与社会主义市场经济体制相适应的教育体制，把教育确立为优先发展的战略地位。

2010 年《国家中长期教育改革和发展规划纲要（2010—2020 年）》（以下简称《教育规划纲要》）的颁布，是我国教育事业改革与发展新的里程碑，意义重大，影响深远。

进入 21 世纪以后，世界格局发生着深刻变化，科技进步日新月异，人才竞争日趋激烈，许多国家都把"发展教育、开发人力资源"作为重大战略。中国的发展进入到一个新的阶段，要全面推进工业化、城镇化、信息化、国际化、市场化；全面建设小康社会，加快现代化建设步伐；提高自主创新能力，建设创新型国家；改善民生，促进人的全面发展；人民群众的教育需求从"有学上"提高到"上好学"；我国建成了世界上最大规模的教育体系，实现了由人口大国向人力资源大国的转变。到 2009 年，我国小学学龄人口入学率及初中入学率都处于世界前列；高中阶段入学率已接近 80%，高等教育毛入学率达到 24.2%。我国具有高等教育学历人数已达到 9300 万。这些数据显示，我国已成为人力资源大国。[①] 但我国主要劳动年龄人口平均受教育年限为 9.5 年，新增劳动力平均受教育年限仅为 12.4 年，不仅与发达国家有明显差距，而且与我国经济发展转型、建设创新型国家不相适应。因此《教育规划纲要》的历史地位就在于"全面动员部署建设教育强国，建设人力资源强国"。

教育要发展，根本靠改革。这既是历史的经验，也是现实的推动。《教育规划纲要》高举改革的旗帜，针对当前制约和影响教育发展的重点问题、热点问题，对新一轮教育改革提出了两点重要的指导思想。第一，教育改革的重点是创新体制机制，努力构建中国特色社会主义现代教育制度体系。过去讲改革总是就某一个方面或某一个领域进行改革，而这一次的改革是对整个现代教育制度体系的一个创新，提出要创新人才培养体制、办学体制、教育管理体制；要改革质量评价和考试招生制度、教学内容、方法、手段；要建设现代学校制度。这是一个全面地、系统地构建和创新现代教育制度的蓝图。第二，教育改革的核心内容是人才培养体制改革，努力形成各类人才辈出、拔尖人才不断涌现的大好局面。过去的教育改革主要任务是扩大教育资源。我们在建设教育大国的进程中主要是解决资源短缺问题，因此，改革要围绕扩大资源、增加投入做文章。现在建设教育强国，在继续扩展资源的同时，更重要的是要加强内涵建设，要形成人才辈出、拔尖人才不断涌现的局面。所以，改革的重点已经转移到人才培养体制方面。

此外，《教育规划纲要》提出：要树立全面发展观念、人人成才观念、多样化人才观念、终身学习观念、系统培养观念；注重学思结合、知行统一、因材施教。检验改革是否成功，主要是看能否加快满足经济社会发展对高质量多样化人才的需求和人民群众接受优质教育的期盼。

（二）教育综合改革经历了认识不断深化的过程

从 20 世纪 80 年代开始，我国教育改革就开始强调改革设计的系统性

---

① 王湛. 在新的起点上推动教育事业科学发展——谈学习贯彻全国教育工作会议精神和《国家中长期教育改革和发展规划纲要》[J]. 江苏教育研究，2011（4）.

和改革推进的审慎性，在某些领域设计推行综合改革，直至教育综合改革被写入教育改革的纲领性文件。1993 年的《中国教育改革和发展纲要》明确指出教育体制改革"要采取综合配套、分步推进的方针"，"积极推进农村教育、城市教育和企业教育综合改革，促进教育同经济、科技的密切结合"。从改革动因看，这一阶段推进综合改革仍可视为教育系统自身的诉求。受经济、社会改革推进水平的限制，教育系统以外的其他部门以及市场、社会等主体参与改革的动力尚未成为综合改革的主要动因。

但在这一阶段，我国对农村教育综合进行的系统部署和实践，使农村教育成为运用综合配套思路部署改革的代表性领域。1989 年，国家教委同各省在实施"燎原计划"的一百多个县建立了全国农村教育综合改革实验区。当时对农村教育综合改革的基本定位是，在政府统筹领导下，在教育外部使教育与科技、农业等部门更紧密地结合，在教育内部对农村教育的办学方向、教育思想、教育体制、教育结构、教育管理、教学内容等方面进行综合性的配套改革。[1] 1995 年，国家教委发布了《关于深入推进农村教育综合改革的意见》，阐明了推进农村教育综合改革的指导思想、重点任务和措施。这一阶段农村教育综合改革部署中对政府作用的定位、对教育体系内外改革统筹设计的思想，勾画了我国教育综合改革的雏形。

进入 21 世纪以后，我国对教育综合改革实验进行了重要部署。2006年以来，为配合和谐社会建设、服务于综合配套改革试验目标，教育部批准了多个教育综合改革实验区。除广西的国家民族地区职业教育综合改革实验区外，主要是为配合综合配套改革而设立，教育部门作为落实科学发展观的部门之一而落实改革要求。例如，重庆、成都实验主题为"统筹城乡"，武汉城市圈与长株潭城市群实验主题为"资源节约型环境友好型社会建设"。

2010 年《教育规划纲要》颁布以来，为解决教育体制深层次问题、实现局部改革协调性，国家在某些重点领域和关键环节部署教育综合改革。在国家教育体制改革试点的三大类改革任务中，重点领域和省级政府教育

---

① 骈茂林. 教育综合改革的内涵与推进策略［J］. 当代教育科学，2011（20）.

统筹两大类改革均选择了综合改革策略。前者包括基础教育、职业教育、高等教育和民办教育等重点领域的综合改革，后者指省级政府统筹推进各级各类教育协调发展、统筹城乡和区域教育协调发展、统筹办学基本标准、统筹经费投入等方面的综合改革。国家对于这些综合改革试点项目实施的思路是，"对一些重点领域和关键环节的改革，由省级人民政府和中央有关部门在国家指导下开展试点，取得经验后，再总结推广"①。这一阶段教育综合改革的突出特点是，开始注重地方政府和基层教育机构的主动参与，关注市场、社会的诉求表达及其适当形式的参与，注重中央的总体指导和统筹协调与地方自主设计与实施的结合。

从上述历史看，伴随着改革目标演变，教育综合改革的功能定位、实施主体、动力机制处于不断发展过程中。伴随着国家教育体制改革领导小组成立和教育体制改革试点项目的全面部署，教育综合改革在国家教育体制改革中的战略地位日益凸显，各级政府为教育综合改革的推进创造了良好环境和条件。

二、综合改革是应对教育改革"深水区"的必然要求

当前，教育改革已进入"深水区"，面临着很多新情况和新特点。一方面，表层问题已较好解决或者有了解决的方案，但深层次矛盾逐渐凸显出来；另一方面，社会发展日益多元化，难以用简单的方法满足不同群体的诉求，必须走综合改革的道路。

尽管教育综合改革不是一个新概念，但无论对教育综合改革的认识，还是围绕教育综合改革开展的实践，都经历了不断深化的过程。同时，要认清教育综合改革的内涵，还要充分考虑教育改革的环境和任务变化情况。

---

① 以十大试点作为改革突破口：国家教育体制改革领导小组办公室负责人就教育体制改革试点有关问题答记者问 [N]. 中国教育报，2010 – 12 – 06.

（一）主动适应经济社会发展要求

1985 年《中共中央关于教育体制改革的决定》将体制改革的目的确定为"提高民族素质，多出人才、出好人才"，改革主要在教育体系内部针对教育结构、内容与方法进行。伴随着社会改革的不断深入，教育改革已经成为我国社会整体改革的组成部分，教育改革必须对由于社会结构和利益格局变化引起的公共需求变化做出回应。教育发展正在从供给约束型阶段进入需求导向的新阶段，教育体制改革总体上将从以增加教育资源、扩充教育机会要求的效率优先的政策选择为主，转向更加注重教育公平的政策选择，满足社会对教育公平、质量和多样化的需求。[①] 如何与社会系统相互适应、对发展中的社会教育需求做出辨别和积极回应，教育公共服务提供如何兼顾公平、效率和多样的价值，成为教育综合改革实现与经济社会体制主动适应所面临的具体任务。[②]

（二）满足不同利益主体教育诉求

是否具有源自教育体系内部的驱动力，是改革能否顺利推进并实现预期的重要条件。综合配套改革超越了以给予优惠政策作为动力的传统思路，强调一种源自改革系统自身的驱动力。综观近年来国家对综合配套改革的推进，已经逐步突破自上而下单向驱动的路线，初步形成了由微观主体——具有现实改革诉求的各类组织和个人驱动改革的机制。教育综合改革在运行机制上表现为改革需求产生于基层并自下而上传导，教育实践者的改革需求表达的机会的增加，在改革方案设计中的话语权逐步扩大。因此，教育综合改革的直接动力主要来自地方政府和基层教育机构及个人。能否在社会转型背景下，充分反映教育实践者的诉求，能否得到各方利益相关者的支持，成为综合改革设计的重要因素。教育改革的路径选择将从政府主导型的自上而下推动，发展为政府、社会和利益相关者共同推动的

---

① 谈松华. 体制改革：教育改革的关键［N］. 光明日报，2009 - 02 - 11.
② 骈茂林. 教育综合改革的内涵与推进策略［J］. 当代教育科学，2011（20）.

互动型改革路径。① 作为以往集教育决策、实施、评价于一身的高层政府部门，在改革推进中的作用也发生了重要变化，主要作用逐步定位为，对改革核心内容设计的总体指导和统筹协调，对基层实践者改革诉求的辨析、引导和聚合，以及对改革实行以指导、协调为主的宏观管理。

(三) 中央和地方合理分担改革成本

教育综合改革的推进策略受到了社会改革的直接影响，其中，中央与地方在综合配套改革中的作用与相互关系的定位也被运用于教育综合改革。综合配套改革方案设计、实施以及制度供给等主要由作为改革主体的地方政府承担，因而事实上采取的是中央与地方合理分担改革成本的逻辑。"中央适度让渡权力则意味着可以减少改革成本支付，地方有改革需求并承担与其相应的成本，只有这样，地方才可能理性地对待综合配套改革。"② 就教育综合改革而言，这种改革权力的让渡也是对以往改革运行机制权衡利弊的结果，蕴含着改革决策层对新时期教育改革预期的重大变化。同时，教育综合改革通过给予地方政府更大的改革主动权，把解决局部问题和全局问题结合起来。地方政府获得主动权的意义在于，"通过地方性知识和经验的积累，为解决全国共性难题、形成全国层面改革的整体战略提供参考和借鉴"③。这样教育综合改革就能集合中央和地方的优势，有效地避免中央设计者由于地方性知识不足而导致的改革设计的弊端。

(四) 全员参与和整体推进

教育综合改革是政府、学校、社会等多方面共同参与的改革行动。参与的主体，不仅包括学生、教师，还包括家长、校长、教育行政管理者、教育科研人员，等等。教育综合改革是一场全员运动。同时，教育综合改革的具体内容涉及不同层面、不同阶段、不同类型的教育活动。从层面上看，教育综合改革既包括微观层面的课堂教学，又包括中观层面的学校管

---

① 谈松华. 体制改革：教育改革的关键 [N]. 光明日报，2009 – 02 – 11.
②③ 刘力，林志玲. 国家综合配套改革试验区的布局条件与空推进模式 [J]. 城市，2008 (2).

理，还包括宏观层面的区域教育政策制定等。从阶段上看，教育综合改革不仅包括义务教育，还涉及学前教育、高中教育和高等教育；既指向公立学校，也包括私立学校。从类型上看，教育综合改革不仅指普通学校教育，还包括特殊教育、社区教育、终身教育等。

此外，教育综合改革的重要手段是进行系统的制度创新。教育综合改革能否实现预期，在较大程度上取决于制度供给的及时性、制度与改革内容的匹配性、制度对于改革推进的保障功能。这方面的综合配套改革已经为教育综合改革积累了经验和模式，对于管理内容和方式本身与中央政府存在差异的地方政府层面，可以在中央政府总体指导下，针对国家和区域教育发展中的重大问题进行改革实验和制度创新。

三、区域推进是教育综合改革的有效路径

（一）区域发展不平衡：教育的基本国情

区域和均衡化发展问题关系到我国经济社会发展的大局。中国地域辽阔、人口众多，由于区位、资源禀赋、人类开发活动的差异，各区域之间、城乡之间经济社会发展水平存在较大差距，近年来有不断扩大的趋势。"从东部、中部、西部及东北四大区域 GDP 占全国比重看，2001 年为 53：20：17：10，而 2005 年为 55：19：17：9，东部地区的比重进一步提高。1985 年城镇居民人均可支配收入是农民纯收入的 1.86 倍，1990 年为 2.2 倍，1995 年上升到 2.71 倍，到 2007 年高达 3.33 倍。"①

中宣部理论局编写的《理论热点面对面 2010》显示：2009 年我国东部地区年人均收入为 38587 元，西部地区为 18090 元，差距达 2 万余元。从省际差别来看，最高的上海市年人均收入为 76976 元，最低的贵州省为 9187 元，两地相差 67789 元。目前全国 4007 万贫困人口中，中西部地区

---

① 高国力. 区域经济不平衡发展论 [M]. 北京：经济科学出版社，2008：1.

所占比重高达 94.1%。除经济差距外，城乡、区域之间基本公共服务水平的差距也较大。目前西部地区人均教育经费支出仅为东部地区的 73.5%；城市拥有约 70% 的卫生资源，而广大农村只拥有约 30% 的卫生资源，农村居民人均卫生费用不足城市居民的 1/4。

再比如，优质教育资源短缺，教育公平的问题比较突出，以我国中部地区某市为例，2008 年高中、初中、小学生均教育事业费比全国 2007 年的平均水平分别低 277.42 元、114.96 元、451.32 元；高中、初中、小学生均公用经费比全国 2007 年的平均水平分别低 269.47 元、15.98 元、30.41 元。与发达地区上海相比，某市 2008 年生均教育事业费仅为上海 2007 年小学的 1/6、初中的 1/5、高中的 1/5；生均公用经费仅为上海 2007 年小学的 1/8、初中的 1/6、高中的 1/12。教育资本配置不充分、不均衡，以及过程不规范是造成教育发展不均衡的重要原因。区域教育与区域社会经济发展水平、民俗、民风、自然地理环境有着极大的相关性。诸如经济发展水平决定了教育资金以及教育所需物品和技术；文化影响着区域教育发展理念及其路径选择；社会发展程度直接制约教育管理体制、教育政策、教育规划、教育法律法规等，决定了政府将是否采取措施对区域教育发展进行干预和宏观调控。推进区域教育，实现可持续发展，必须考虑教育在区域发展中的外在受制因素，才能避免陷入过分强调超越客观条件的超前发展和人为限制的滞后发展的困境。①

我国客观存在地区差异，不仅经济发展水平高低不一，而且自然地理、人口、地域文化、民族风俗习惯等也多有不同。应该说，目前我国发展不平衡的问题，体现在经济社会发展的很多方面和不同层次，这是不争的事实。

区域协调发展是国民经济平稳、健康、高效运行的前提，统筹区域和城乡发展是缩小区域和城乡发展差距的重要方式，促进区域均衡发展既是落实科学发展观，构建社会主义和谐社会的必然要求，也是全面建设小康

---

① 中央教育科学研究所教育综合改革实验区. 区域推进教育发展的若干问题 [J]. 大学：学术版，2010（11）.

社会、实现我国现代化的必由之路。

（二）区域推进是落实国家教育发展战略的要求

长期以来，我国经济和教育发展实行的恰恰是中央高度集权的计划管理体制，全国各地使用统一的体制、政策和发展速度，强调统一的模式，地方基本上没有管理自己区域内经济和教育发展的权利。这种体制在新中国成立初期曾经对我国经济和教育发展发挥过巨大的推动作用。但不可否认的是，这种体制严重压抑了地方的积极性，"区域教育"的概念更是无从谈起。以至于造成我国教育在新中国成立后的很长一个时期内，只强调共性的要求，而忽视了多样性的发展。这样一种以统一性和一致性为原则的教育体系很难完全满足人们对学习的多方面要求，也很难完全满足社会成员个性发展的要求。

在改革开放的推动下，社会主义市场经济的建立使我国的经济持续快速发展，但同时要看到我国尚处于社会主义市场经济初级阶段，生产力总体水平还不高，区域发展不平衡是我国较长时期内的基本国情。在市场经济条件下，全国一盘棋的情况得以改变，各级各层次区域都是相对独立的利益群体，市场必须尊重投资主体，而利益的驱动，必然带来区域发展的不平衡。我国经济的二元结构特征比较突出，经济要素关联度低。2009年，西部地区各省份第一产业占国民生产总值的比重都不同程度地高于全国平均水平和东部省份，而第二、第三产业占国民生产总值的比重却都低于全国平均水平。这说明西部地区与东部地区存在较大差距。疆域广大，人口众多，多民族集聚是基本国情，各民族有自己的文化风情，甚至自己的语言。各个区域在未来经济发展中都面临着巨大的人口增长压力，东部地区的人地关系紧张不仅在于本区的人口增长，还在于东部地区由于经济快速发展吸引了大量的外区域的劳动力；而西部地区的人口问题不仅仅是人口增长快的问题，更重要的是提高人口素质、消除贫困的问题。由此可见，我国客观存在地区差异，不仅经济发展水平高低不一，而且自然地理、人口、地域文化、民族风俗习惯等也多有不同。这种差异性同样存在于教育领域。

《中华人民共和国国民经济和社会发展第十二个五年规划纲要》提出，要"实施区域发展总体战略"，要"充分发挥不同地区比较优势，促进生产要素合理流动，深化区域合作，推进区域良性互动发展，逐步缩小区域发展差距"。《教育规划纲要》指出，要"坚持教育的公益性和普惠性，保障公民依法享有接受良好教育的机会。建成覆盖城乡的基本公共教育服务体系，逐步实现基本公共教育服务均等化，缩小区域差距"。上述国家战略表明，作为国民经济和社会发展的组成部分，教育发展要坚持区域推进的战略。同时，区域教育的协调、均衡、优质发展，也是缩小区域教育差距的最重要的途径。如何贯彻落实国家关于区域发展的总体战略？如何增强教育在贯彻落实国家战略中的地位与作用？这些都要求我们进一步加强有关区域教育发展的综合研究。

（三）区域经济发展经验为区域推进教育发展提供了范例

改革开放以后，随着我国经济发展方针的变化和经济体制改革的进行，地方政府发展区域经济的积极性得到激发，区域经济获得了空前的发展。区域经济的发展又促进了地方政府发展区域教育的积极性。经济体制上中央向地方和企业放权，中央高度集权的计划经济管理体制逐渐向社会主义市场经济体制转变，地方政府逐渐成为区域经济发展的管理和决策主体。

在经济发展中，最引人注目的是特色鲜明的区域经济的崛起，生产越来越根据区位优势、资源禀赋和生产的内在要求开展，并越来越多地聚集在有特色的地区。区域因特色而存在，特色成为区域价值的判断标准。因此，选择代表性强、具有典型性的地区进行综合配套改革试点，实现重点突破与整体创新，是我国改革开放的一条基本经验。改革开放初期，首先在深圳等特区进行试点，后来又建立了若干经济技术开发区，探索我国经济发展模式。最早设立的上海浦东新区综合配套改革试验区着重探讨政府职能转变；天津滨海新区探讨城市发展新模式；成渝改革试验区探索统筹城乡发展的体制机制；武汉城市圈和长株潭城市群探讨资源、环境与经济发展的关系；北京中关村是高新技术示范区。2010 年 5 月 24 日，国务院又正式批准实施长三角区域规划。

这些区域的设置试点都代表了不同阶段的不同发展重点，是深入实施区域发展总体战略、促进全国经济平稳较快发展的重要举措。经济区域化趋势的增强以及人力资源战略地位的提升，使得区域教育发展在我国社会发展中的重要性日益突出。因此，确定教育发展目标必须从各地区实际出发，因地制宜、分区规划、分类指导、分步实施。各地区在贯彻落实国家教育标准的基础上，更加重视本区域教育发展的规模、结构、质量、模式及路径，力图从教育理念、教育制度、教育管理、区域文化、行动策略等方面整体推动区域教育改革与发展，走区域教育内涵式发展之路，整体提升区域教育竞争力。经过几十年的探索与实践，各地区域教育体系基本形成。我国不少地区在区域教育改革方面积累了丰富的经验，诸如杭州下城区以教育生态理论促进区域教育现代化，四川成都青羊区不断探索区域内部均衡、协调发展的机制，积极推进后义务教育时代的区域教育改革，辽宁大连金州新区在价值多元社会背景下探索人才培养的新途径，深圳南山区等地进行教育现代化研究，等等，为我国教育改革发展做出了重要贡献。

四、教育综合改革实验区是开展综合改革、区域推进的积极尝试

理论联系实际、深入基层、服务一线是中国教科院的优良传统。中国教科院立足于全国性指导，进行了一批持续时间长、效果好、影响大的教改实验，积累了大量有益经验，有效地提高了教育教学质量。早在20世纪60年代，中央教科所（中国教科院前身）即开展了教育教学实验，其中有代表性的是"小学语文能力整体发展实验"。该教学实验以发展学生的思维和语言为中心，通过语文教学结构的整体改革，有效地提高了教学质量和水平，促进了学生语文能力的整体发展。

"八五"以来，中央教科所总结22个省市的84所教劳结合先进学校

的典型经验和 3 个地区的教劳结合经验，提出了《关于促进中小学教育与生产劳动相结合的行动建议》，并在全国建立起一批教劳结合基地，相继开展"集中识字、大量阅读、分步习作""小学语文教法""基于素质教育的劳动技术教育实践深化研究""活动教学与中小学生素质发展"等一批在全国有影响的教改实验，得到各界的广泛好评。从 1999 年开始，中央教科所已连续举办 16 届"小学优质课观摩评议会"，直接培训基层教师达20 多万人。1992 年和 1999 年江泽民同志两次视察了中央教科所指导的大型科研项目"珠算教学""珠心算"实验学校，给予中央教科所科研人员和实验校的广大师生以极大的鼓励。

党的十七大报告指出，优先发展教育，建设人力资源强国。这是党中央在新的历史时期对教育提出的新要求、新任务。近几年来，中国教科院领导班子坚持以科学发展观为统领，面向国家需要，面向战略研究，努力打造一流国家教育智库。基于对教育改革进入"深水区"、教育综合改革必须依靠区域推进的认识，为进一步发挥服务决策、创新理论、指导实践的功能，中国教科院形成了开展区域教育综合改革实验的设想。同时，我们认识到，政府作为教育管理的主体，行政区层级过高，地理空间、教育总量会很大，改革效果不可预期，行政区层级过低，无法有效统筹本区域人财物等关键要素，改革很难顺利推进，区县可能是教育综合改革实验的理想区划。令人欣喜的是，这一设想得到六区人民政府和教育行政部门的高度认同，中国教科院教育综合改革实验区应运而生。

中国教科院与六区人民政府精诚合作、锐意进取，力求以先进的理念、科学的方法、高效的机制、合理的制度来推进教育综合改革实验区的科学发展。经过反复研讨，我们确定了"院区共建、整体推进、科研引领、创新发展"的工作方针。同时，我们还建立了有效的机制：一是专家常驻机制，中国教科院向各实验区派驻高素质专家工作组，作为科研力量的前沿部队，参与实验区建设的全过程，提供实时的、全方位的业务咨询和指导；二是决策参与机制，专家工作组通过与实验区教育行政部门领导直接沟通、参加领导班子办公会、参与重要政策咨询论证等多种形式，为实验区教育决策建言献策；三是课题引领，以实验区核心发展任务为重点，以双方科研资源为依托，院区共同申报研究课题，以系统的教育科学研究为实验区建设提供理论支撑和智力支持；四是区际联动，以项目合作为主要载体，各实验区之间共享优质教育资源、相互学习借鉴，共同探索解决区域教育改革发展的热点、难点问题；五是特色发展，充分尊重实验区的实际情况和个性化需求，在全面推进教育综合改革的基础上，创新实施路径和工作方法，打造不拘一格、各有特色的实验区发展模式。

在各区区委、区政府的有力领导下，在各区教育行政部门的精心培育下，在广大校长和教师的积极参与和努力下，教育综合改革实验区工作不断取得新进展，实验区整体水平不断提升：各实验区区委、区政府进一步加大了对教育工作的支持力度；社会对本地区教育工作给予了更多理解、关心和支持；各地教育改革和创新积累了越来越多的成功经验，强化了已有的特色和优势；实验区联盟加快形成。

2013 年 1 月 9 日，《光明日报》对中国教科院教育综合改革实验区做了专题报道：杭州市下城区的"高位均衡、轻负高质"模式，打造出区域教育生态理论、再生性集团化办学模式等一系列教育品牌；成都市青羊区的"城乡统筹、质量领先"模式，通过实施教师专业发展标准、教育质量监测等创新发展项目，推进教育发展向"深度"拓展和"广度"延伸；大连市金州新区的"多元开放、国际融合"模式，以"交流合作、融合共生"为原则多渠道开展的教育国际化实践；深圳市南山区的"追求卓越、打造一流"模式，创建了卓越教育文化体系，培养了业务精湛、充满活力的卓越型教育队伍；宁波市鄞州区的"高位提升、惠及全民"模式，绘制了区域、学校、个体三级幸福教育蓝图；重庆市九龙坡区的"以生为本、优质均衡"模式，全面实施"品质课堂、卓越学校、现代教育"三大发展战略，努力培养身心健康、全面发展的学生。[①] 2013 年 1 月 31 日，《人民日报》对实验区做了专题报道：教育改革实际上是在"带着镣铐跳舞"，改革者受到了既定目标和现有模式的限制，又可以依据自己的智慧和判断，选择适合自己的变革路径，实验区的经验值得借鉴。时任中国教科院

---

① 靳晓燕. 在教育的智慧里呼吸 ［N］. 光明日报，2013－01－09.

院长袁振国说："当一朵朵注重内涵、科学发展的浪花汇集成一条澎湃的河流时，全国的教育改革发展必将浩浩荡荡、势不可当。"①

展望未来，中国教科院教育综合改革实验区将根据十八大报告提出的"深化教育领域综合改革，着力提高教育质量"的要求，以质量为导向，以教师队伍建设为重点，以教育科研为载体，以提高课堂效率为突破口，努力开创实验区工作新局面，为探索中国特色区域教育发展成功模式、助推国家整体教育改革进程做出应有贡献。

---

① 张烁. 实验区试水教育综合改革——7 块 "实验田" 收获了什么 [N]. 人民日报, 2013 – 01 – 31.

第二章

教育综合改革实验区的顶层设计

作为一项系统工程，教育综合改革要取得预期的效果，科学的顶层设计至关重要。中国教科院从创建教育综合改革实验区之初，即从工作方针、战略布局、制度创新等几个方面对实验区进行整体的顶层设计。

一、教育综合改革实验区的工作方针

（一）院区共建

任何一项活动首先要明确参与的主体。"院区共建"作为教育综合改革实验区工作的指导方针，"院区"指明了实验区工作的两大主体，"共建"则阐明了主体之间的合作关系。

1. 两大主体：中国教科院与县（区）级行政辖区

"院"，主要指中国教科院。作为国家级的综合性教育研究机构，中国教科院有着光荣的历史传统。1941年中国共产党在延安建立的中央研究院中国教育研究室是中国教科院的前身，李维汉同志是第一任研究室主任。徐特立、吴玉章等老一辈革命家、理论家都对中国教育研究室的工作给予了大力支持。1957年，经国务院批准，中央教科所正式成立。1970年，受

"文革"影响，中央教科所被撤销。1978 年，在邓小平同志的关心下，中央教科所复建。2011 年，中央教科所正式更名为中国教科院。作为教育综合改革实验区工作的重要主体，中国教科院以教育改革发展面临的重大理论和实践问题为主攻方向，在创新区域教育理论的同时，加强对区域基层教育实践的指导，着力探讨以点带面、推动区域教育整体发展的发展模式。

"区"，即区域，具体是指县（区）级行政辖区。根据《辞海》的解释，"区"是指区域或地理的意思；"域"是指邦国、地区、疆界的意思。《辞源》中将"区域"一词解释为土地的界划和界限。由此可见，区域主要是指通过选择某个或某几个特定指标在地球表面划分出的具有一定范围、连续的、不分离的空间单位。作为一个空间概念，区域的划分往往具有不同的标准，比如按行政区域进行划分、按物质内容划分等。作为教育综合改革实验区工作的一个重要主体，"区"主要指具有独立性、自主性和开放性的县（区）级行政管辖区域，原因如下。

首先，在我国现行教育管理体制中，县（区）级政府承担着发展区域教育的主要任务。1985 年，中共中央发布了《关于教育体制改革的决定》。《决定》在部署义务教育时指出："实行基础教育由地方负责、分级管理的原则，是发展我国教育事业、改革我国教育体制的基础一环。" 1993 年，中共中央、国务院又发布了《中国教育改革和发展纲要》。《纲要》进一步规定："改变政府包揽办学的格局，逐步建立以政府办学为主体、社会各界共同办学的体制。在现阶段，基础教育应以地方政府办学为主；高等教育要逐步形成以中央、省（自治区、直辖市）两级政府办学为主、社会各界参与办学的新格局；职业技术教育和成人教育主要依靠行业、企业、事业单位办学和社会各方面联合办学。"我国最新颁布的《中华人民共和国义务教育法》（2006 年 9 月 1 日生效）第七条规定："义务教育实行国务院领导，省、自治区、直辖市人民政府统筹规划实施，县级人民政府为主管理的体制。"区县政府一级承担着教育（主要是基础教育）管理的主要责任。因此，以区县为单位，更有利于推进区域教育发展。

其次，相较于其他教育单位，区县一级更具有灵活性和整体性，便于开展教育实验。教育实验是研究者按照研究目的，控制或创设一定条件，以影响改变研究对象，从而验证假设、探讨教育现象因果关系的一种研究。教育实验成功与否，与样本大小密切相关。过大的样本会增加实验的风险，过小的样本则可能不具有代表性。相较于省市，区县的范围更小，也更为灵活，更有利于教育实验的开展和推行。因此，我国区域教育探索者，比如晏阳初，就选择区县作为"平民教育（乡村改造）实验"的单位。但是，教育综合改革实验不是针对某一项、某个学生、某所学校的单项实验，而是全面的、整体的改革探索。开展教育综合改革实验，需要统筹配置各种教育资源，包括人力、物力、经费、信息、制度、政策等，而对这种教育资源的调配一般在区县区域。所以，相较于学校和街道，区县级更利于从政策、资源、体制等全面调整，更有利于开展教育综合改革实验。

2. 主体之间的关系：合作共生

"共建"，说明中国教科院与县（区）级政府在教育综合改革实验区创建过程中处于一种合作共生的关系。虽然两个主体的机构性质不同，但在实验区工作中两者是平等共生的关系，既存有差异、相互包容，又合作共享、共生共荣。

葛瑞（Gray）认为"合作"具有五个特征：合作意味着相互依靠，是一个持续的给予和付出的过程；合作双方要跳出自己已有的思维定式，考虑对方的意见，共同寻求解难的方法；合作包含共同的决策；对于未来的发展方向，大家共享责任；合作是一个逐渐出现、发展的过程：透过彼此的协商和互动，双方建构未来协作的规范和原则。[1] 古德莱德认为"共生"关系具有三个特征：伙伴间需要存有不一致性；目标必须满足双方各自的旨趣；伙伴必须是无私的，但同时也要致力于满足对方的利益 。[2] 归纳而

---

[1] Gray B. Collaborating: Finding Common Ground for Multiparty Problems [M]. San Francisco: Jossey-Bass, 1989.

[2] Sirotnik K A, Goodlad J I. School-University Partnerships for Educational Renewal: Rationale and Concepts [M] //School-University Partnerships in Action: Concepts, Cases, and Concerns. New York: Teacher College Press, 1988: 3 – 31.

言，合作的双方作为两个平等的主体，既要考虑合作目标，又要重视合作的过程，还要有合作机制做保障，以实现理想的合作结果。

就合作目标而言，合作的双方既有共同目标，又有不同需求。教育综合改革实验区的创建，是中国教科院与县（区）政府为了促进区域教育发展而建立的，但由于两个主体性质不同，各自的需要仍存在差异，前者作为科研单位，通过教育综合改革实验，为区域提供教育科研指导，探索区域教育发展的模式，开展相应的理论研究；后者作为行政单位，通过推进教育综合改革，解决区域内教育实践中的问题，促进区域教育的发展。教育综合改革实验区的创建既需要实现共同的目标，又要满足双方各自的需求。就合作过程而言，中国教科院和县（区）政府在实验区创建过程中需要不断沟通协商，更好地应对区域教育实践中的各种问题。两大主体之间的合作并不是随意的，而是基于目标，通过协商，制定相应的合作机制，包括常驻实验区专家组工作机制、专家组之间的对话机制、定期联席会议与不定期会议相结合机制、教育局长（书记）直接交流对话机制等。两个主体最终通过合作实现目标，既在解决区域教育实践问题、开展区域教育综合改革过程中促进区域教育发展，又通过实验区工作满足双方需求。

概而言之，中国教科院与县（区）级政府在教育综合改革实验区创建发展中首先是一种平等关系，两者均拥有话语权和行为选择权，不存在主从之分；其次是一种相互理解的关系，两者要承认对方行为选择的多样性和合理性；最后是一种共同发展的关系。

因此，"共建"充分说明了教育综合改革实验区两大主体之间的合作共生关系：既有共同目标，又有各自不同需求。两个主体处于平等地位，通过不断的协商沟通开展合作。在实验区工作中不断建立健全各种机制，保障合作的有效性，并最终促进区域教育的发展。

（二）整体推进

教育综合改革实验区开展教育改革的基本工作思路是"整体推进"，即实验区范围内的教育综合改革立体式地全面推进、全员参与。具体可从三个方面来理解。

改革对象。改革对象是指作为教育综合改革推进目标的事物。对教育综合改革实验区而言，改革对象的"整体性"体现在两个方面：第一，在特定实验区，教育综合改革的对象是整个区域。在以往教育研究中，教育实验往往针对一所或者几所学校，而教育综合改革实验区以"区"为单位，指向区域范围内的所有教育活动。第二，教育综合改革在中国教科院的六个实验区范围内同时推进。六个实验区均有开展教育实验的基础和条件，且在全国范围内具有一定的典型性和代表性，在六个实验区范围内同时推进教育综合改革，相互借鉴和学习，有利于提高改革的有效性。

参与主体。从参与主体上看，实验区所推进的教育综合改革不仅包括学生、教师，还包括家长、校长、教育行政管理者、教育科研人员。在课堂范围内，主体主要指学生和教师；在学校范围内，主体涉及学生、教师和校长。而对区域而言，全员参与的教育改革，其主体不仅包括学生、教师和校长，还包括各级各类教育行政管理者、教育科研人员、家长等。所以，"整体推进"意味着全员参与教育综合改革。

改革内容。"综合"意味着将不同种类、不同性质的事物组合在一起，因此教育综合改革的具体内容涉及不同层面、不同阶段、不同类型的教育活动。从层面上看，实验区所推行的教育综合改革既包括微观层面的课堂教学，又包括中观层面的学校管理，还包括宏观层面的区域教育政策制定等。从阶段上看，实验区的教育综合改革不仅包括小学和初中，还涉及幼儿园、高中等；既指向公立学校，也包括私立学校。从类型上看，区域范围内的教育综合改革不仅指普通学校教育，还包括特殊儿童教育、社区教育等。所以，"整体推进"意味着教育综合改革的内容包括区域教育的方方面面。

（三）科研引领

教育改革的任何措施，都要以教育科研为先导。正如时任中央政治局委员、国务委员刘延东同志在第四届全国教育科学研究优秀成果奖颁奖暨中国教育科学研究院成立大会上所指出的，"强国必先强教，强教必兴科研。教育科学研究是认识教育规律的重要工具，是促进教育改革发展的重要保证"。因此，创建教育综合改革实验区、推进区域教育综合改革必须要坚持科研引领的具体工作策略，即在专家带领下，通过实验区教育工作者全员参与教育科研活动，提高全体教育工作者素质，解决教育综合改革中的实际问题，提高教育质量和效益，实现区域教育内涵发展。

推动实验区树立科研引领意识。科研引领，既是科研兴区的基础，也是科研兴校的保证。没有超前性的区域教育的科研引领，就没有区域教育综合改革的创新发展。因此，创建教育综合改革实验区，首先要积极引导、促进实验区尤其是各级教育机构树立"科研兴区""科研兴校"的战略意识，促进区域形成良好的教育科研氛围。

推动实验区全员参与教育科研。要达到"科研兴区""科研兴校"的目的，仅靠区长、局长、校长、专业技术人员和教学骨干是远远不够的，必须树立教育科研全员意识，使教师全员参与教育科研。要正确处理教师与科研兴校的关系：一是师兴科研，二是科研兴师。教师是科研兴校最主要的力量，科研兴校必须依靠教师、需要教师全员参与，即师兴科研。教师在科研兴校实践中实现专业化发展，进一步提高教育教学素质，即科研兴师。实践证明，科研引领，可以促进教师专业化水平的提高，促进教师从"经验型"向"研究型"的转型。

以课题引领实现科研引领。课题的选择是教育科研的起点，是探索的第一步，选择好合适的课题等于成功了一半。在推进区域教育综合改革过程中，一方面，要对影响区域教育发展的核心变量加以聚焦并设计为重大课题。课题研究由专家组成员与实验区的教育人员共同参与，在专家组的指导下展开具体研究。以此为依托，提升区域教育发展品质，打造了"教育学术之区"。另一方面，要积极推动学校教师参与到"小课题研究"中，以源于教学实践的问题为小课题选题，通过不断地反思与探索，在解决教学实践问题的同时提高教师自身素质。

科研引领作为专家组推进实验区教育综合改革的基本工作策略，对于实验区的创建和发展具有重要作用。专家组成员要充分发挥领头作用，推动实验区教育工作者树立科研意识、发现教育实践中的问题，并参与课题项目确立、可行性研究、项目设计、项目实施及项目监评等全部过程，从根本上促进区域教育发展难题的破解以及教育工作者队伍的专业成长。

（四）创新发展

创新发展是创建和发展教育综合改革实验区的价值追求，即在实验区通过推进教育综合改革，引入新的教育观念或者教育理论，创新教育制度，以项目制方式开展教育实验，促进区域教育发展，形成具有特色的区域教育模式。具体而言，实验区工作的创新发展具有以下特点。

一是新颖性，即实验区的教育理念、教育制度、工作方式等较以往有所不同。区域教育要加快现代化发展步伐，必须有科学的教育理念体系来引领，有合理的教育制度来组织，有高效的工作方式来推进。有些科学合理的教育理念、教育制度、工作方式虽然必须基于本土实际，但较以往必然有所不同。

二是继承性，即实验区的教育实践要基于本土实际，依赖于原有结构，绝不是凭空产生，完全脱离原有教育基础。因此，为实验区引入新的教育理念和教育制度，并不意味着完全抛弃原有的教育理念和教育制度，而是要基于原有内容，结合本土的实际需求，提出更加科学合理的新观念和新做法。

三是变革性，即教育综合改革实验区的创新发展，是一个变革的过程。这意味着实验区工作是一个动态变化的过程，不能一蹴而就，而是需要在长期的积累、探索过程中，实现从量变到质变的转换。因此，实验区的工作机制要具有开放性和包容性，工作机制是逐步建立的，要根据实验区的发展状况不断进行调整和完善。

四是先进性，即教育综合改革实验区的创建发展，不仅要改变实验区教育现状，还将促进区域教育发展，并形成具有特色与科学性的区域教育模式。实验区采用新的教育理念和教育制度，不仅仅是为了改变，而是立足本土教育特点实现发展。实验区所推进的教育综合改革，代表着未来区域教育的发展方向。

二、教育综合改革实验区的战略布局

创建教育综合改革实验区具有重要的价值和意义。但是，区域教育与区域经济社会发展水平、民俗、民风、自然地理环境等有着极大的相关性。我国地域辽阔，不同区域的政治、经济、文化、人口、自然资源和环境等各不相同，区域教育发展的基础和现状也存有差异。如何在全国范围内选择特定区域作为推进教育综合改革的实验区，从战略的高度考虑对实验区的整体布局？我们可以从我国区域经济发展的探索中获得启示。

选择代表性强、具有典型性的地区进行综合配套改革试点，既能解决本地区实际问题，又能为解决全局共性难题提供思路，从而实现重点突破与整体创新，这是我国改革开放的一条基本经验。因此，我国在改革开放初期，首先在深圳等特区进行试点，后来又建立若干经济技术开发区，探索我国经济发展模式。这些区域的设置与布点都代表了不同阶段的不同发展重点，并且已经取得不少较为成熟的经验，极大地促进了我国经济社会的发展。

从我国对区域经济发展的探索中可以看到，教育综合改革实验区的战略布局应该考虑三个方面因素：其一，所选择的实验区应具有一定的代表性和典型性，能在一定程度上反映当前我国不同类型区域教育的特点；其二，所选择的实验区要具有一定的教育基础和条件，能够开展相应的教育综合改革实验；其三，所选择的实验区在教育实践中的确面临着当前我国教育改革中存在的比较突出的重点和难点问题，比如城市外来人口子女上学问题等。

（一）战略布局的代表性

在改革开放过程中，无论是上海浦东新区、天津滨海新区，还是成渝改革试验区、武汉城市圈等，作为经济技术开发区都具有一定的代表性和典型性。比如上海和天津属于东部地区的代表，武汉是中部地区的代表，而成都和重庆是西部地区的代表。在创建教育综合改革实验区时，也应该充分考虑被选择区域的代表性和典型性。就区域教育而言，这种代表性和典型性不仅仅体现在地理位置上。区域教育与区域社会经济文化环境密切相关，区域社会是区域教育发展的"土壤"。所以，选择有代表性的区域，不仅要考虑区域教育自身发展的特点，更要关注区域经济、经济、政治、文化、人口、地理等多方面因素。①

经济因素。区域教育发展受区域经济因素影响，区域经济发展的不平衡决定着区域教育发展的不平衡。一方面，区域经济发展为区域教育发展提供了基础性条件，包括教育投入的人力、物力、时间、资金和技术，区域内经济发展水平决定着区域教育发展的结构、规模和效益，区域经济发展的程度直接影响着开展区域教育活动所能获得的物质资本；另一方面，经济发展必然对教育发展提出新的需求，包括对劳动力数量、结构和素质的需求，因此，经济发达的区域，为教育发展所提供的资源更为丰富，但对教育发展的要求更高，将会拉动教育扩大规模、提升层次和调整结构。所以，区域经济是影响教育综合改革实验区战略布局的一个重要因素。

地理环境因素。地理环境对人类活动有着广泛的影响。不同地域的人有着不同的文化、习俗乃至信仰。不同的地域条件形成了不同地域特色。自然地理环境中地形、气候和可利用的自然资源是不同的，地域人口分布、经济、文化等也不相同，这直接影响着教育发展的地域非均衡性。教育的空间分布和布局结构的形成也受到地理环境因素的影响。我国东、中、西部地区在海拔高度、地貌类型、土地资源等自然环境方面存在明显差异，在教育发展的程度、特征等方面也有不同。

政治因素。区域政治不仅规定了教育目标，更重要的是决定了区域教育的领导体制和管理模式，区域政治对教育制度的结构形式的制约作用，尤其体现在教育资源如何在区域内进行分配上。

文化因素。区域文化对区域范围内群体的意识形态、思维方式、行为

---

① 在选择有代表性的区域时，既要考虑地区的教育因素，又要考虑地区的非教育因素，但因"实验性"重点研究地区的教育因素，所以在这里重点分析地区的非教育因素。

方式、价值观有着促进、影响和塑造的作用，而群体的意识行为和价值观又直接影响着区域教育发展，从而深刻地影响着区域教育的管理、目标、内容和组织形式，甚至为直接开展区域教育活动提供所需的文化资本。

人口因素。区域人口数量影响着区域教育的规模、学校的结构和教育投资的数量，人口的年龄结构决定着区域教育体系的结构，区域人口的职业结构也决定了区域教育的类型结构，而区域人口素质更是与开展区域教育所需的人力资本密切相关。所以，人口的区域分布也影响区域教育的布局结构。

杭州市下城区位于杭州市核心位置，从地理环境上看是我国东部地区的代表，该区是杭州市的中央商务区，经济实力位列省内十强，下城区的区域文化是典型的江浙文化，2012 年下城区户籍人口为 40.51 万人。成都市青羊区位于成都市区中西部，是我国西部地区的代表区域，该区同时也是四川省集体经济综合试验区，区域文化为巴蜀文化，常住人口为 103.96 万人，其中户籍人口 60.11 万人，流动人口约 43.85 万人。大连市金州新区位于大连主城区北部，从地理环境上看是我国东北部地区的代表，该区 2011 年经济总量位居东北各县（区）首位，中原文化与东北文化在这里交汇，形成了金州特色文化，该区常住人口为 110 万人。深圳市南山区位于深圳市的西部地区，属于我国东部沿海地区代表，该区经济发达，人均国民生产总值达到中等发达国家和地区水平，作为中国改革开放以来经济增长最快和最有活力城市的一个区域，南山区更体现了中西文化激荡、交织、相融的多元文化氛围，南山区户籍人口近 60 万人，管理与服务人口 2011 年底达 170 万人。宁波市鄞州区位于宁波市区南端，属于东部沿海地区，它与下城区一样同属于江浙文化的代表，作为经济强区，鄞州区 2012 年末户籍人口总数为 83.1 万人。重庆市九龙坡区位于重庆主城区西南部，是重庆主城九区之一，也是西部地区最大的工业区，2011 年该区生产总值位居重庆市第二，其常住人口为 111.6 万人，其中户籍人口 83.7 万人。虽然目前所建立的教育综合改革实验区不能完全代表我国不同类型区域，但就教育综合改革实验区的选择而言，充分考虑了实验区在地理环境、经济、文化和人口等因素方面的代表性。

(二) 战略布局的可行性

创建教育综合改革实验区的根本目的是在区域内进行教育综合改革实验，既解决本地区的实际问题，又为解决全局共性难题提供思路。所以，教育综合改革实验区的战略布局必须考虑实验性，即所选择的区域要有具有开展教育实验的基础和条件。杭州市下城区、成都市青羊区、大连市金州新区、深圳市南山区、宁波市鄞州区以及重庆市九龙坡区都具有较好的教育基础，能够提供开展教育实验的机会。

杭州市下城区是浙江省杭州市中心城区，现有各类教育机构55个，其中高中1所，九年一贯制学校5所，初中7所（含1所民办中学），小学17所（含1所民办小学），特殊教育学校1所，教育局办幼儿园16所（35个园区），直属单位8个。另外部门办、街道办幼儿园9所，民办幼儿园12所（15个园区），民办教育机构49个。下城区2007年通过了国家可持续发展实验区考评，被评为"全国科技进步先进区""浙江省规范教育收费示范区"。胡锦涛、习近平等先后到下城区学校、幼托园和社区视察指导工作，下城区以科技、教育、卫生、文体强区的建设成果，得到了中央领导和联合国教科文组织的肯定和关注。下城区围绕打造"天堂福地、品质下城"，争创"生活品质之城示范区"，全面构建"全国一流的现代化和谐城区"的总体发展目标，坚持以实现"更均衡、更公平、更充裕"的小康社会教育为目标，努力营造高品质教育生态，打造高水平教育强区，争创全国一流现代化和谐教育，各级各类教育健康、快速、协调发展，区域教育均衡化、公平化、优质化程度不断提高。

成都市青羊区共有中小学、直属单位61个，其中完全中学4所，职业中学1所，初级中学7所，九年一贯制学校2所，小学35所，公立幼儿园3所，直属单位9个。中小学学生人数有5.6万人。青羊区以"城乡统筹、质量领先"为主题，努力践行着"让学生愉悦、老师舒心、家长放心、社会满意"的青羊教育。在"率先基本实现教育现代化"上"做精、做亮、做强"，追求区域教育优质、深度均衡发展，成为率成都之先、率四川之先、率中西部之先的领跑示范区，在西南地区发挥着重要的辐射和示范作用，为西部和全国教育现代化做出了自己的贡献。

大连市金州新区现有各级各类学校 644 所。公办普通中小学 88 所，其中高中 7 所、初中 24 所、小学 57 所（含 10 所村小学），在校学生 7.8 万人；电大教师进修学校 1 所；特殊教育学校 1 所；素质教育中心 2 所；幼儿园 156 所，在园幼儿 1.7 万人；中等职业学校 22 所；街道职业学校 6 所；社区学校 189 所；民办教育机构 176 所；另有驻区高校 11 所。新区成立后，尤其是 2011 年，党工委、管委会更加重视教育事业发展，在全区经济社会"十二五"发展规划中，在具体工作落实上，实实在在地把教育放在优先发展的战略地位，全面实施"科教兴区"和"人才强区"战略，全区各级各类教育正向着均衡化、优质化、信息化、特色化、国际化和现代化的方向发展。2011 年，区财政追加投入 6 亿元发展教育事业，并安排预算从 2012 年开始，在保证教师工资、校舍建设等经费正常支出的基础上，连续三年每年净增加 1 亿元的教育投入，为创设优美的校园环境，推进教育改革与创新，提升教育内涵、创建教育特色提供资金支持和物质保障，全力助推学前教育高位普及发展、义务教育优质均衡发展、普通高中优质特色发展、职业教育创新联动发展、继续教育多元协调发展、特殊教育全面健康发展。在"十二五"规划框架下，金州新区从 2011 年开始全面启动六项重点工程，即素质教育推进工程、教育国际化拓展工程、教育信息化建设与应用工程、教育文化建设工程、教育科研先导工程、人才强教建设工程，成为辽宁省首批基础教育强区。

深圳市南山区现有幼儿园 167 所，其中公办幼儿园 5 所，在园儿童约 3.6 万人。全区 0—3 岁婴儿教育参与率达 52%，3—6 岁儿童入园率超过 95%。截至 2011 年底，南山区有各级各类中小学校达 82 所（按校址计算），其中，公办学校 68 所，民办学校 14 所，在校学生 10.5 万人。全区有 3 所公办普通高中通过广东省国家级示范性普通高中评估，1 所高中为省课程改革样本校，6 所高中在省普通高中教学水平评估中获得优秀。南山区始终坚持教育优先发展战略，坚定不移地推进教育现代化建设，先后提出了"抢占课程改革、教育信息化、国际性人才培养三个制高点"，以国际化引领品牌化、特色化、集团化，实现"教育公平、教育质效、教育服务三大跨越"以及"瞄准国际一流、探索南山模式"的发展目标，积极参与了全国范围的素质教育大讨论，率先开展了课程改革和公民养成教育两项重大实验，全面启动了以国际视野建设区域教育质量标准的"南山探索"。深圳南山区委、区人民政府不断加大教育投入，有力地推动了区域教育的优质、高位均衡发展。当前，南山区的教育服务总供给基本上满足了教育服务的总需求，教育工作的重点已经由教育规模的"外延扩张"向教育服务的"质量提升"转型。

宁波市鄞州区现有中小学 152 所，在校中小学学生 14.0 万人。其中含普高 11 所，其中民办 3 所，14648 名学生；职业高中 9 所，其中民办 4 所，1.5 万名学生；初中 27 所，小学 86 所。义务教育段学生 11.0 万人，其中非鄞州户籍 6.1 万人（在公办学校就读 4.0 万人，占 66%），占学生总数的 55%。幼儿园 226 所，在园幼儿 5 万余人，60% 为流动人口子女。另有特殊教育学校、教师进修学校和宁波电大鄞州分院各 1 所。目前，鄞州实现了学前教育全国"双率先"：率先构建 12 年免费教育体系，惠及城乡学生 14 万人；学前三年儿童入园率率先达到 99.9%。鄞州实现了素质教育、品牌教育全省"双领先"，高中段入学率和高等教育毛入学率分别达到 98%、54%；职业教育荣获全市教育服务经济贡献奖，社区教育获得首批"全国社区教育示范区"称号。品牌学校和名师群体不断扩大，优质高中覆盖率达到 100%，成为全省最早拥有 4 所省一级普高、3 所全国重点职高的区（市县）。全区有 39 所省级示范学校、69 所市现代化达纲学校，有 90% 以上的学校通过标准化验收，并实现了农村教育、城区教育"双提升"，全部镇乡（街道）创建为"推进教育现代化示范镇乡"[①]。鄞州区域教育优质均衡取得了跨越式发展。

重庆市九龙坡是重庆市的教育大区，到 2011 年底，全区共有直属公办小学 38 所、中学 28 所、中职学校 2 所、幼儿园 3 所，教师进修学院 1 所，在校学生 12.0 万人，在职教师 6698 人。区委、区政府历来高度重视教育，坚持把教育摆在优先发展的战略地位，大力实施"科教兴区"和"人才强

---

① 李永明，孟万金. 追求优质均衡，提升幸福指数［J］. 中国德育，2011（5）.

区"战略，推动全区教育事业实现了全面、协调、可持续发展，为推动地方经济社会发展做出了重大贡献。统筹城乡教育、特色学校建设、生本教育课改成为九龙坡区具有较大影响力的三张名片，全区教育驶上均衡、优质、特色发展的快车道，成为全市素质教育实验基地、中小学德育示范区、教师继续教育实验区、基础教育课程改革实验区。

由此可见，六个实验区都具有较好的教育基础，各级政府的重视、社会对教育的期待也为实验区开展教育实验提供了良好的氛围。

（三）战略布局的时代性

创建教育综合改革实验区的一个重要目的是解决教育实践中的问题，而特定时期开展的教育实验要针对当前教育实践中面临的重点和难点问题，这意味着教育综合改革实验区的战略布局要考虑时代性，即当前教育改革中出现的重点和难点问题在所选择的实验区中比较突出。

当前，"创新人才培养""流动人口子女在流入地平等接受义务教育""义务教育均衡发展""减轻中小学生课业负担"等问题成为社会关注的教育热点和难点问题，而这些问题在实验区中尤为突出。以深圳市南山区为例，其户籍人口近60万人，但随着经济不断发展，越来越多打工人口流入进来，其管理与服务人口近年来连续递升，到2011年年底已达到170万人左右，其流动人口比户籍人口还要多，流动人口子女在南山区接受教育的问题也成为该区面临的一个难点问题。

宁波市鄞州区虽然实现了免费教育，实现了学前教育全国"双率先"，素质教育、品牌教育全省"双领先"，但是，当经济水平提高后，人们开始普遍关注自己的生活质量，追求幸福感，区域教育中的幸福指数也越来越引起研究人员和社会的关注。如何解决鄞州区外来人口与本地人口倒挂，城市化发展过快以致优质教育资源相对欠缺，教育发展整体均衡但"教育名品"相对缺乏等诸多城市化进程中教育发展遇到的新问题、新挑战，也成为鄞州实验区面临的难题。

三、教育综合改革实验区的制度创新

（一）教育综合改革实验区制度创新的意义

制度是要求成员共同遵守的、按一定程序办事的规则或行动准则。制度创新是制度的一种正向变迁，按照美国学者熊彼特的解释，制度创新是用一种效益更高的制度来代替另一种制度的过程。教育综合改革实验区制度是中国教科院与实验区政府在实验区创建和发展过程中遵守的、按一定程序办事的规则或行动准则。需要注意的是，实验区的各种教育制度也属于重要的制度资源，本书更关注实验区的工作制度，而非教育制度。教育综合改革实验区制度创新是指对实验区相应工作规则或行动准则做出调整，以利于实验区工作的开展和推进，促进区域教育发展。

制度因素是现代教育关键性的内生变量，所有教育变革都离不开制度的创新。创建教育综合改革实验区，作为区域教育变革的一项重要内容，也离不开制度的保障，更离不开制度创新的支持。这是因为：

首先，制度作为一种重要的资源，为教育综合改革实验区的创建和发展提供重要保障。好的工作制度可以节约实验区工作中的人员组织成本，可以用较低的组织成本充分调动人员积极性，包括实验区专家的积极性、实验区教育管理与行政人员的积极性、校长的积极性、教师和学生的积极性等。好的工作制度可以降低教育资源的配置成本，通过良好的制度运作，明确区县政府的教育需求，确定工作方针，避免资源浪费，减少相关教育行政费用和摩擦成本。好的工作制度可以减少实验区工作的不确定性，提高区域教育发展的可控性以及把握区域教育机会的能力，节约教育信息成本和协调成本。

其次，制度创新对教育变革具有重要作用。制度作为成员共同遵守的规则或行动准则，它的创新与变革，将对教育系统要素的质态、量态、空间布局、时间运转等产生影响，进而引起教育效率路径的变化，促进教育的发展进而影响生产力的发展。

最后，制度本身需要不断变革创新。现实的教育问题需要教育创新来解决，而教育创新的实践需要得到制度的保证。任何制度都是需要不断完善和发展的，一种新的制度可能会在一定时期内满足教育实践的需求，但随着教育实践的发展、新的教育问题的涌现，如不能及时变革和创新现存制度，容易导致工作秩序的僵化，阻碍教育的不断发展。所以，当现行制度由于自身的一些缺陷不能为教育创新提供必要的制度保证时，要不断推进制度创新，促进实验区发展。

（二）教育综合改革实验区制度创新的具体内容

在教育综合改革实验区已有制度基础上，中国教科院结合实验区的教育需求，不断探索新的实验区制度，具体包括以下五个方面。

一是专家常驻与巡回指导制度相结合。中国教科院结合实验区的需要，向各实验区派驻高素质专家工作组，一般由3—4人组成，成员为中国教科院的在职研究人员。专家组作为中国教科院科研力量的前沿部队，参与实验区建设的全过程，提供实时的、全方位的业务咨询和指导。此外，中国教科院还组建了跨学科的巡回指导专家团队，根据实验区的发展需求，定期或不定期地到实验区开展全面的指导。专家常驻和巡回指导两种机制相辅相成，互为补充，从而保证了实验区建设全程得到高水平的业务指导。

二是全面推进教育综合改革。中国教科院在实验区所开展的综合性教育改革，不局限于某一阶段或某一个教育问题，而是深入区域，深入学校，深入课堂，分析不同地区教育发展的形势和特点；提出实验区教育改革发展的规划；研究全面提高教学管理水平、教育水平和教学质量的创新举措；总结提炼区域教育发展的成功经验；及时汇集一线教育动态信息，形成区域教育发展信息反馈机制；努力形成立足实际，具有中国特色的区域教育发展理论。

三是以课题研究为抓手实现科研引领。课题引领是中国教科院对实验区进行"科研引领"的重要内容。课题引领分两个层面开展：一是在专家组的指导下，对影响区域教育发展的核心变量加以聚焦并设计为重大课题，由专家组成员和实验区教研人员共同参与研究探讨，比如杭州市下城区所申报的"十一五"规划课题"以教育生态理论促进区域教育现代化的实践研究"，成都市青羊区所申报的"十一五"规划课题"我国西部县级区域教育现代化行动研究"和"区域构建现代课题的实践研究"，大连市金州新区所申报的"十一五"规划课题"我国区域教育管理体制创新研究"等；二是专家组积极推动学校教师参与到"小课题研究"中，以源于教学实践中的问题为小课题选题，通过不断的反思与探索，在解决教学实践问题的同时提高教师自身素质。

四是自主发展和特色发展。每个区域的政治经济文化发展不同，其教育发展的基础与条件也不相同。因此，实验区建设必须结合本区教育发展的现状，找准定位，实现自主和特色发展。不同实验区有着不同的发展目标，比如杭州市下城区定位于"高位均衡、轻负高质"；成都市青羊区追求"城乡统筹、质量领先"；大连市金州新区强调"多元开放、国际融合"；深圳市南山区的目标是"追求卓越、打造一流"；宁波市鄞州区定位于"高位提升、惠及全民"；重庆市九龙坡区则追求"以生为本、优质均衡"。

五是实验区联动发展。为了增强区域教育与实验区作为一个整体的影响力和辐射效应，大力推进区域教育的深入改革与发展，中国教科院的各个教育综合改革实验区之间开展了大量的区际联动活动，目前已经形成定期联席会议与不定期工作会议相结合机制。中国教科院每年召开一次实验区联席会议，形成下一年度实验区建设工作方案。中国教科院或各实验区根据工作需要，不定期召开工作会议，及时协调、研究、解决与实验区联盟建设有关的重要问题。此外，区际联动制度还将加强领导对话与资源共享机制，建立各实验区教育局领导之间的直接沟通和交流机制，提高联合行动的实效。进一步加强各实验区之间对信息、技术、课程、人力、培训等优质资源的共享力度，最大限度地发挥资源整合的优势；健全联动项目与集体攻关机制，围绕区域教育发展和实验区建设共同关注的重要议题，制定实施各实验区共同参与的联动项目。各实验区之间紧密合作，协同作战，集体攻克区域教育发展的热点和难点问题。

（三）教育综合改革实验区制度创新的实践路径

新制度经济学将制度变迁主要分为强制性制度变迁与诱致性制度变迁，对教育综合改革实验区而言，其制度创新的实践路径是宏观强制性与微观诱致性的有机结合。

1. 强制性制度创新

强制性制度变迁是指由政府主导的自上而下强制实施的、由纯粹的政府行为促成的制度变迁。由国家有关机构主要是教育行政机构设计并强制实施新的教育制度安排，或者对现存教育制度安排进行局部调整、修正或整体改造，有利于尽快消除制度非均衡状态，保持或提高教育水平。在某种意义上，这可以看作是一种有效率的制度创新活动。

对于教育综合改革实验区而言，强制性制度创新是由中国教科院和实验区人民政府协商后确定的强制实施的制度建设或制度创新。这种强制性制度创新具有较高效率。一是速度快。在传达文件、出台规定或颁布法律之后，要求相关人员或组织遵照执行，经过很短或较短时间的转换、设置过程，一项（或多项，或一整套）新的教育制度安排便可诞生。二是易于实现预期目标。预期目标由实验区两大主体规划，在规划新目标的过程中，通常会不同程度地听取各方面的意见，考虑各利益主体的"谈判能力"和产权变动情况。因而，预期目标能够在全面反映双方意志的同时，至少部分地表达微观主体（组织和个人）的意愿。

比如专家常驻制度，2008年中国教育科学研究院首个综合改革实验区——杭州市下城实验区成立之后，经双方协商，确定了专家常驻制度。此后，中国教科院结合实验区的需要，分别向各实验区派驻专家组。

2. 诱致性制度创新

诱致性制度变迁是指个人和群体为追求自身利益而自发倡导组织的制度变迁。教育经济学界对教育制度变迁的研究是运用制度经济学做需求分析的，其简化的理论推导为：当教育制度变革的收益大于其成本时，就产生对教育制度创新的需求，这一需求必定诱发实际的教育制度变迁。在以市场经济为基础的西方发达国家，教育制度变迁主要是由个人或一群人，在响应获利机会时自发倡导、组织和实行的自下而上的教育制度创新与变迁。

对于教育综合改革实验区而言，诱致性制度创新是专家组在实验区实践中根据需要而开展的制度创新。由于各实验区情况不一，因此，各区所确立的具体制度也不一样。

杭州市下城区专家组基于实验区总的指导方针，建立了专家常驻、科研引领、区际联动、信息共享等工作制度。成都市青羊区专家组结合实验区需要，建立了三大工作制度，即实验区工作定期报告制度、制订并发布年度推进行动计划、启动"一校一周、服务师生"全新调研模式。大连市金州新区专家组会同当地教育体育文化局，确立了实验区领导小组制、工作小组定期研讨、信息联络员制、专家组内工作研讨、问诊式调研、规范式指导、跟进式服务、引领性牵动等机制。深圳市南山区专家组建立了九大工作制度，项目群合作推动有效机制、专家组配备研究助理机制、卓越课堂讲师团巡讲机制、卓越课堂名师工作室机制、卓越课堂创建片区合作机制、卓越教育名校长工作室机制、教育督导与视导评估机制、四轮驱动综合发展机制（德育、课堂、社团和阳光体育）以及卓越教育"三位一体"推进机制（行政推动＋专家引领＋学校行动）。宁波市鄞州区专家组建立了高层领导晤谈机制、决策参与机制、联合调研机制、信息共享机制、新闻宣传协商机制、工作要点互发机制、互设联络员机制等。重庆市九龙坡实验区虽然成立时间不长，但专家组在短期内明确了两个层面的制度：一是专家组与区教育系统间的制度，包括新闻宣传协商制度、双方定期会晤制度、工作要点互发制度，互设联络员制度，以及专家组、区教委、区教师进修学院（或其他科室、直属单位）三方联席业务会议制度；二是专家组、合作办内部的相关制度创新，包括内部常规制度、合作共建制度、工作例会制度、反思性工作日志制度、新闻宣传制度、工作简报制度、工作要点制度、工作问责制度等。这些制度的建立与发展都是各实验区专家组结合工作实践，根据工作需要，不断探索创新的成果。

［第三章］

教育综合改革实验区的发展模式

基于区域经济社会与教育发展的基本定位和目标诉求，各教育综合改革实验区根据区域差异确定切合实际的区域教育发展理念，探索相应的改革思路和策略，明确相应的改革试点项目，并形成相应的发展模式，从而提炼特色、凝聚优势，实现区域教育的创新发展。

一、高位均衡、轻负高质：
杭州市下城实验区发展模式

  杭州市下城区是浙江省省会杭州市的核心城区和中央商务区。在保持经济持续、快速、健康增长的同时，下城区始终坚持教育优先发展的战略，大力支持开展教育创新，推进教育改革，促进教育发展。下城教育综合改革实验区是中国教科院在全国设立的第一个实验区，位于我国东部沿海地区，教育基础深厚。针对既有基础和发展要求所提出的"高位均衡、轻负高质"的发展目标，下城实验区直面当前教育改革发展中的重点和难点问题，紧紧围绕教育公平和教育质量两大主题，立足于下城教育的理论思考和实践探索，形成了下城发展模式。5年的发展历程表明，这一发展定位具有丰富的内涵、鲜明的特征和强大的生命力。

（一）发展模式的内涵

教育公平是社会公平的重要基础。当前，促进义务教育均衡发展是教育公平的重点所在。下城模式中的"高位均衡"，是指着力打造优质的、特色的、多样的教育，不断提升教育的效益和效能，努力实现高水平的教育公平。具体内容包括"三更"，即"更均衡、更公平、更充裕"。

"更均衡"是指降低择校度，提供更好的教育，努力让每一个孩子在家门口就能享受充分而优质的教育。

"更公平"是指张扬学生的个性，因材施教，促进每一个学生的主动发展、自主发展、全面发展和终身发展，让每个孩子都拥有幸福的童年和快乐的学校生活。

"更充裕"是指进一步扩大优质教育资源，形成覆盖面更广、水平更高的学习化社会，构建完善的终身教育体系。

教育质量是教育改革发展的生命线。教育公平和教育质量之间存在辩证关系。同样，"高位均衡"和"轻负高质"之间也存在辩证关系。"高位均衡"既是自身的目的，也是实现高质量、高品位教育的手段。"轻负高质"的教育是一种体现素质教育思想，以促进学生全面和谐发展为目标，以轻负担、高质量为显性特征的教育形态。

"轻负"不等于没有负担，而是遵循学生身心发展规律，减轻不必要的负担，留给学生适当的自主安排时间，创设合理的活动空间。"高质"不等于考试分数高，而是促进学生德智体美全面发展，个性特长积极主动发展，知识能力、态度情感和谐发展。

下城教育以基于生态理念的现代学校管理为精髓，以教师、校（园）长、机关干部等教育人力资源的专业化发展为核心，以生态课堂教学为载体，以健全评价体系为动力，通过全方位、多层面、立体式的机制设计，探索出了一种"轻负高质"的发展模式。

在"高位均衡、轻负高质"指引下的下城教育，是以"生命观"为教育生态系统发展的核心而构建的和谐、人本、开放、可持续发展的区域教育；它是教育发展目标高起点、教育运行机制高效能、教师队伍高素质、教育环境高品位、教育质量高标准，促进人的可持续发展、终身发展、和谐发展的教育。因而说，这是一种具有强大生命力的教育。

（二）改革思路和策略

1. 创新理念体系，引领区域教育改革发展方向

区域教育要加快现代化发展步伐，必须有科学的、符合本土实际的教育理念体系来引领。近年来，下城区立足中心城区的特定区域优势，长期坚持探索符合下城实际、适合下城教育发展的教育理念体系。经过长期的总结、提炼，逐渐形成了下城教育的核心理念体系，并以此作为下城实验区改革发展的顶层设计。

（1）核心理论：区域教育生态理论

基于对教育庸俗化、同质化等现象的认识以及对教育危机的应对，多年来，下城区一直在探索实践区域教育生态理论，掌握了区域教育发展的基本规律，确立了下城教育的核心价值观，形成了下城教育的科学发展观，在全国率先形成区域教育生态理论体系。区域教育生态理论的核心理念是生命观；核心目标是高位均衡、轻负高质；核心内涵是教育公平；核心特征是多样性、协同性、自主性。它是一种以敬畏生命为教育伦理起点和价值归依的教育伦理形态。

第一，区域教育生态理论是一种素质教育思想，是以促进学生全面和谐发展为目标，以轻负担、高质量为特征的教育形态。区域教育生态理论不是对传统教育思想精华的摒弃，而是对传统教育思想的改革、突破和创新。区域教育生态理论是从科学发展观的基本理念出发，依据以人为本的教育思想，针对学生差异和个性化需求，为使学生体验幸福成长的快乐，在关注学生知识技能发展的同时，关注学生分析能力、创造能力和实践能力的提升；尤为关注学生学习方法、策略的掌握和情感态度与价值观的培养。

第二，区域教育生态理论反映了时代的发展要求。它的产生与当前我国建设生态文明这一大的社会发展趋势不谋而合，同时也切中了目前教育

发展中一些实际存在的问题，为化解教育发展中的一些矛盾，保持教育的可持续发展提供了一种思路。

第三，区域教育生态理论具有实践的生命力。区域教育生态理论的存在，并非无源之水、无本之木，而是在下城区教育人立足本土，经过十多年的思考和实践探索积淀而成的，具有实践的生命力，是下城区域教育现代化发展的实践精髓。它是对教育生态理论的积极补充和丰富，也是对区域教育理论的充实，还是对教育理论意涵的积极发展。

第四，区域教育生态理论是一种重要的教育理论创新。区域教育生态理论的出现不仅丰富了教育生态理论的内涵，同时也充实了区域教育理论的内容。其衍生出的教育生命观、生态课堂、再生性教育生态发展等观念也在不同层面促进了教育理论的发展。区域教育生态理论是具有原创生命力的教育理论，从它诞生之日起，就与下城教育浑然一体。多年的不懈探索，更是让区域教育生态理论成了下城独有的精神标识，引领下城教育不断地取得创新突破。

不言而喻，区域教育生态理论已经成为下城教育的科学发展观，成为下城教育的轴心理论，但是，一种理论的成熟要经过层层累积和不断发展而成。随着研究的深入发展，教育生态理论和区域教育现代化逐步结合，互为表里，齐头并进地推动着下城教育的整体发展，生成了具有下城特质的区域教育生态理论。

（2）核心目标："三二一"教育发展目标

"三"指"三更"，即"更均衡、更公平、更充裕"。更均衡是降低择校度，更公平是提升满意度，更充裕是增强幸福度。努力办好每一所学校，努力让更多的孩子接受更好的教育，努力让每一个孩子在家门口就能享受充分而优质的教育，努力让每一个孩子都不输在人生的起跑线上，是下城教育的一贯追求。

"二"就是"两高"，即营造高品质教育生态，打造高水平教育强区。以"生命观"为教育生态系统发展的核心，构建和谐、人本、开放、可持续发展的区域教育，实现教育发展目标高起点、教育运行机制高效能、教师队伍高素质、教育环境高品位、教育质量高标准，促进人的可持续发展、终身发展、和谐发展。

"一"就是"一流"，争创全国一流现代化和谐教育。这是动态发展的概念，是一种价值取向，是受教育者按素质教育的要求得到更好发展的策略，是各要素综合优化的高质量、高效率、高效益的教育，是真正体现"以人的全面发展为本"的教育。

（3）核心思路："三三三"教育发展思路

第一个"三"，即三类教育，"活两头，强中间，优全盘"，实现网格式发展。努力构建学前教育、义务教育、社区教育三类教育"高密度、低重心"网格式的发展模式，即三类教育在全区高密度分布，优质教育覆盖全区，全力打造下城教育"金三角"。

第二个"三"，即三区教育，"优化南区、做强中区、加快北区"，推进三个区域实现"百花齐放、优势互补"的错位式发展格局，既相互融合又各有个性。

第三个"三"，即三个满意，让"学生满意、家长满意、社会满意"，实现连动式发展。坚持"以人为本、内强素质、外树形象"的工作主题，全力推进"三满意"争创活动，呈现"小手牵大手，小家带大家"的三个满意联动式发展态势，努力办好人民满意的教育。

（4）核心精神："先一步，高一层，可持续"教育精神

"先一步"，即理念超前，坚持创新，先人一拍，体现发展速度。

"高一层"，即追求品质、品位，实现高位，高人一筹，体现发展高度。

"可持续"，即追求优化生态，注重制度，长效发展，体现发展长度。

2. 创新制度设计，夯实区域教育改革发展根基

近年来，下城区按照教育现代化的要求，以教育生态理论为引领，自觉遵循教育规律，加强制度研究，创新制度设计，积极探索科学的教育管理机制，形成以规则遵循规律，用规则看守教育的良好机制。

（1）改革直属单位管理体制，优化教育指导服务

下城教育系统以"大部制"思路推进机构改革，将进修学校、教研室等9个单位的行政职能剥离，整合组建成教育研究发展中心、社区教育中

心、教育后勤服务中心、教育技术中心和会计核算中心；以中介、服务功能替代原来的行政职能，实现从"管理—指导"型向"指导—服务"型的转变，从根本上确保教育服务落到实处。近年来，围绕创建全国一流现代化教育及构建区域特色教育体系的要求，积极筹建、推进教育质量监测中心、亚太地区社区学习资源中心以及中国教科院下城教育生态研究中心建设，基于直属单位的指导、服务职能得到进一步延伸。

（2）拓展教育督导评估体系，促进学校规范办学

全国首创督评"一室两中心"组织架构，在区督导室框架下，成立学前教育督导评估中心、社区教育督导评估中心，逐步完善适合下城终身教育体系的督导评估体系。在此基础上，依据国家教育法律法规以及省市教育行政部门的相关规定，拟定区域推进"轻负高质"工作意见，通过开展综合办学水平督导评估、教育发展性评估、体卫艺专项督导、学生体质专项督导、课业负担专项督导、专职督学随访督导等工作，促进学校坚守"三条底线"，实现"四个转移"，依法规范办学。一旦发现学校有课程设置不规范、违规办班等行为，即予以通报批评，责令限期整改，并在各类综合先进评比中实行一票否决制。

（3）构建教育质量监测体系，引领教育科学发展

针对分数至上等评价现象，成立全国首家区级教育质量监测中心，由区政府主要领导担任领导小组组长。教育质量监测中心被联合国教科文组织确立为"全民教育质量监测联络中心"。中心以促进教育公平、全面实施素质教育为目标，通过建设教育信息数据库，探索、研制基础教育质量评估体系，引领中小学关注全体、全面、全程的教育质量，推动全区教育健康、持续、快速发展。同时，建立教育质量指导督查制度，定期召开教育质量分析会，科学研究教育质量现状，总结成绩，查找问题，分析原因，研究对策，强化科学的教育观、质量观和人才观。

（4）推进现代学校制度建设，形成自主发展机制

着力建设学校内部自主发展机制，进一步明确学校的定位与职能，规范学校与政府、家庭的关系，促进学校依靠政府、服务社会、提高教育为民服务的质量与效率。构建新型政校关系，形成校本管理体系，建设现代

学校文化，建立科学的管理考评体系，健全社会参与机制，推动中小学实现自我管理、自主发展。加强现代学校章程建设，组织开展校园章程评审工作，确保"一校一章程"。开展"依法治校"示范校评比工作，开发出全省首部区域性中小学生法制教育读本，推进依法治教、依法治校工作。

（5）创新终身教育建设体系，打造下城教育"金三角"

始终坚持"活两头、强中间、优全盘"的发展思路，统筹规划、发展各级各类教育，全力打造下城教育"金三角"。力争实现学前教育、义务教育、社区教育高位均衡、优质协调发展。特殊教育实行全免费教育。在全省率先启动青少年空间试点工作，开通亚太地区社区教育资源中心网站"享学网"。每年举办一届"教育超市""教育公园"教育服务活动，举办市民大课堂，成立社区学院老年学堂，不断完善终身教育体系。

3. 创新行动规划，全面提升区域教育发展水平

按照个性化、多样化、现代化、国际化的价值取向，以国家级课题"以教育生态理论促进区域教育现代化的实践研究"为抓手，创新行动规划，努力实现教育项目优质化，寻求教育功能最大化，不断提升教育现代化水平。

（1）集团化办学——扩张优质教育资源

围绕全区"南精北快"的发展目标，坚持"聚变—裂变—再聚变—再裂变"的思路，独创嫁接办学、联盟办学、移植办学、优特办学等模式，形成再生性集团化办学模式。全区中小学、幼儿园重建形式多样的教育集团，遍布全区东西南北中，促进区域教育的均衡化、公平化、优质化、平民化水平不断提高，区内择校率争取逐年下降。全区100%的中小学要与农村学校结对，缩小城乡间差距。

（2）特色品牌创建——呈现多样优质态势

在区域教育生态理论指引下，以教育现代化为目标，立足于教育的多样性和差异性，积极开展"教育特色品牌建设"活动。经过前期多年的探索和实践积淀，以及"教育文化年"和"教育特色品牌建设年"的挖掘、整理，呈现多元性、原生性和完整性特色，开展"三满意"争创活动、初中教育高地、小班化教育、教育超市、教育公园、教育收费阳光工程、梯

级名师培养、市民大课堂和携手"1+6"系列活动等。在实验区建设中，全区中小学要结合学校实际，积极开发校本特色课程，举办科技节、艺术节、读书节等丰富多彩的校园文化活动，为学生发展个性特长创造条件。

（3）人力资源建设——涵养优质人才团队

本着"尊重教师、相信教师、依靠教师、善待教师"的思想，努力为教师创设良好的成长环境，促进一线教师的专业成长和精神成长，不断消除教师的职业倦怠。下城教育系统设计了"主粮+杂粮"的培训知识体系，实行"培训机构出培训菜单，教师自选培训菜单，区教育局出钱埋单"的"三单"培训形式，围绕专业内容和综合内容开展培训工作，提高教师综合素质；实施"梯级名师培养"工程，为各个层次教师成长搭建更宽广的平台和更高层次的目标，激发每一个教师发展的积极性和主动性，激活整体教师素质不断提升；实行"名师共享"制度，促进学校间教师资源的均衡配置，实现优质教育资源效益的最大化；开展"教育因你而美丽"——感动人物评选活动，关注一线的教职工和家长，传递对每一个普通劳动者的深深敬意。

（4）"教育学术之区"建设——深化教育发展内涵

2008年，下城实验区按照"学术强教、学术优教"的指导思想，全面启动"教育学术之区"建设，在继续深入开展"教育文化"与"特色品牌建设"的背景下，打造"教育学术之区"，意在通过科学化、学术化的研究，推进各种研究项目的落实，探索干部与教师队伍成长的有效机制，促进教育特色品牌建设，保证教育决策质量，提升教育教学品质，最终实现下城教育均衡、公平和可持续发展。

（5）对外交流合作——拓展教育发展视野

下城教育按照"不求所在、但求所用"的思路，积极开展对外交流合作，开拓教育视野。一是创新大会开拓国际视野。继续以"中国杭州国际教育创新大会"为平台，充分发挥联合国教科文组织APEID中心、亚太地区社区教育资源中心、联合国教科文组织全民教育质量监测联络中心等机构的作用。二是以区域教育综合改革实验探索现代化样本。与中国教科院共同探索打造"中国特色区域教育现代化样本"，为在全国推进教育现代化提供借鉴。三是搭建平台，开展多元交流。鼓励区内学校与美国、澳大利亚等国的学校结成"姐妹学校"。与团省委合作，在全省率先启动青少年空间试点工作。借鉴香港青年协会的服务模式，在社区设立青少年综合服务场所，为青少年提供游戏娱乐、兴趣学习、拓展训练等多方面服务。与浙江大学教育学院建立全面合作关系，双方在体制创新、教育研究、人才培养等方面进行合作。四是社校联动促进开放办学。本着就近就便的原则，充分利用区域周边的第二课堂教育资源，推出"馆校共建""场馆进校园""课堂教育进场馆"等模式。同时，学校场所向社会全面开放，全力支持社会开展各项活动，形成资源共享、优势互补的良性互动机制。

（三）改革试点项目

在国家级课题"以教育生态理论促进区域教育现代化的实践研究"的引领下，实验区开展了深入的理论研究和实践探索，有力地推动了教育综合改革的深入发展。该课题结合理论研究与实践探索的发展需要，将研究内容细化为以下八个研究项目。

1. 区域教育生态理论及区域教育现代化研究

区域教育生态理论的内容体系主要包括以下三个方面：①区域教育生态理论与区域教育现代化的关系研究。主要分析区域教育生态理论及教育现代化的理论内涵，探寻两者的内在关系及其影响机制。②区域教育生态理论指导下的区域教育现代化发展状况研究。全面梳理区域教育生态理论在下城区的生成发展历程，结合相关理论基础，具体分析其对区域教育现代化发展的影响。③区域教育现代化发展实践的教育生态理论体系研究。

2. 高位均衡发展的制度建立与执行研究

研究内容包括：①区域教育管理生态化制度研究。重点探讨学前教育、义务教育、终身教育三类教育协调均衡发展，学前教育管理制度，区域实施现代学校制度，以及"新杭州儿童"受教育制度等方面。②区域教育决策生态化制度研究。涉及区域教育决策规则研究、区域教育决策咨询研究、区域教育决策支持研究及区域教育决策反馈机制研究等。③区域教育资源配置生态化制度研究。包括教师与管理干部的区域流动制度研究、区域教育投入保障机制研究等。

3. 教育人力资源专业化研究

教育人力资源专业化研究涉及：①区域教育人力资源个体专业化发展机制研究。以制订个人专业成长规划为载体，促进区域教育人力资源个体专业化发展。②区域教育人力资源专业化发展的外部支撑机制研究。落实"菜单式"自主培训方式，构建以"名家工作室""主题沙龙"为主的互动型研究共同体及以"成长空间站"为主的网络互动平台。③区域教育人力资源专业化整体发展、对外交流机制研究等。

4. 再生性教育集团化办学研究

再生性教育集团化办学研究涉及：①教育集团化办学"下城模式"的实践探索。涉及教育集团化办学"下城模式"的基本特征和内涵、"下城模式"的基本运作模式与操作要则以及探索具有"下城模式"特征的新型集团化运作模式探索。②教育集团化办学的制度创新与设计研究。包括推进区域教育集团化办学的制度与政策研究、促进集团学校内部运行的制度与策略研究及集团化办学中集团化校园文化的培育研究等。

5. 区域开放办学体系研究

区域开放办学体系研究旨在分析区域开放办学实践过程中各利益主体所承担的职责与拥有的权利，在此基础上构建起支撑区域开放办学的由政府、学校及社会三方构成的支持系统。①区域开放办学的政府支持系统。政府在区域开放办学过程中起着引导者、支持者和决策者的角色，基于此，主要就政府权力运作在实现区域开放办学方面提出政府支持的四个角度，即战略导向、政策鼓励、制度设计及经费支持等。②区域开放办学的学校支持系统。学校开放办学实践应实现教育观念、教育内容、教育资源、教育空间、办学主体及师资队伍等方面的开放。③区域开放办学的社会支持系统。主要从家庭、社区及社会三个层面探讨区域开放办学的社会支持系统的构建。

6. 特色品牌学校研究

特色和品牌是教育的生命力和吸引力所在。特色品牌学校研究涉及：①学校特色品牌的生成和发展机制研究。探索学校特色品牌建设的发展轨迹，走"特色项目——学校特色——名牌学校"发展之路。②区域内中小学特色品牌衔接机制研究。探索特色师资共享机制，推动小学特色品牌建设与对应初中有效衔接。③学校特色品牌的评估体系研究。评估特色品牌建设工作的效果、学校品牌是否确立以及确立后的品牌管理是否有效，通过效果评估，修正、完善特色品牌建设工作。

7. 生态课堂研究

生态课堂是一种符合学生的生理、心理特征和学习生活习性的本真、常态的课堂形态。主要研究内容包括：①生态课堂的内涵与特性研究。②生态课堂的环境支持系统研究。涉及影响师生课堂学习与成长的物质环境、课堂空间环境以及与此相关的社会环境。③生态课堂的教学实践模式研究。涉及课堂提问、课堂氛围营造、认知结构形成、探究性学习以及师生内心世界的感受和领悟、学生学习态度、学习观念、学习方法参与程度、情感态度与价值观等。

8. 教育质量监测体系研究

在文献研究和调查研究的基础上，从区域教育发展实际入手，紧扣教育现代化的特点，建构区域教育质量监测与评估体系。主要研究内容包括：①区域教育质量监测与评估体系的理论基础研究。在教育生态理论的背景下，研究区域教育质量监测与评估体系的价值取向、本质特征等。②区域教育现代化信息系统研究。根据区域教育现代化质量监测与评估体系的指标体系，建构动态、开放的师生信息系统，为监测与评估提供数据。③区域教育质量监测与评估体系研究。从中、小、幼三个层面建构区域教育质量监测与评估的指标体系。

二、城乡统筹、质量领先：
成都市青羊实验区发展模式

成都市青羊区地处我国西部，辖古少城之地，是成都的政治、经济、文化中心。青羊教育占地利之优势，承历史之渊源，数人物之风流，蕴文化之厚重，拥有一大批特色鲜明，享有盛誉的学校。在推进城乡统筹的时代背景之下，为了在"率先基本实现教育现代化"上"做精、做亮、做强"，追求区域教育优质、深度均衡发展，青羊实验区提出并形成了"城乡统筹、质量领先"的发展模式，力求使每一所学校得到提升，每一位教师得到成长，每一个学生享受到优质、均衡、公平的教育，努力办好人民满意的教育。

（一）发展模式的内涵

"城乡统筹"，促进教育均衡发展是青羊教育改革的重大任务。在教育综合改革中，青羊教育基于对世界各国教育公平发展趋势的判断和对我国教育均衡发展的认识，基于对成都市二元结构给成都市带来的教育问题的考量，在成都市统筹城乡经济社会发展的大背景下，将追求公平作为教育城乡统筹发展的价值观，将一体化发展作为教育城乡统筹发展的方法论，将集团化发展作为教育城乡统筹发展的着力点，大力推进城乡教育一体化，追求教育公平，为构建和谐社会服务。

为此，要用适合成都市市情的方式，加快改变农村教育面貌，正确处理城市和农村、城镇居民和农民的关系，加大以城带乡的力度，使稳妥推进城镇化和扎实推进城乡教育一体化成为成都市教育现代化进程的双轮驱动，从而逐步解决城乡二元结构矛盾，实现"两消除、两享受"的目标，即消除学校之间的配置差距，消除学校之间的发展差距，全区所有儿童都能平等地享有义务教育，平等地享有优质教育资源，基本消除因学校办学条件和质量差而被动择校的现象，使人民群众从教育均衡发展中得到了实实在在的利益。

"质量领先"，追求教育高位发展是青羊教育改革的不懈追求。质量是教育的生命，是高质量人才素质的根本保证。为此，要以开放的教育胸襟、国际的教育视野、融合的教育理念、多元的教育方法追求高质量的教育。以智慧教育为追求，努力实现学有良师、学有良校、学有良风的"学有良教"发展目标，践行质量领先，追求教育高位发展。

围绕"城乡统筹、质量领先"的发展目标，青羊教育要在城乡教育一体化、城乡教育均衡发展、优质教育资源满覆盖、素质教育和教育现代化等方面取得突破性进展，为全国创造经验。在"率先基本实现教育现代化"上"做精、做亮、做强"，追求区域教育优质、深度均衡发展，探索并构建区域教育快速、协调、可持续发展并独具特色的青羊教育发展体系。

（二）改革思路和策略

1. 基本改革思路

青羊实验区以深厚的文化底蕴和强烈的教育情怀，牢牢把握教育科学发展的准确方向，借助高端科研平台，积极探索西部县级区域教育改革发展的典型经验和发展模式。青羊实验区在探索和创新实验区工作机制的过程中，高度重视科研力量与行政力量的互动和转化这一关键因素，从宏观（区域教育发展）、中观（各级各类教育）和微观（学校教育活动）上整合科研和行政的力量，打通学术和政治的话语壁垒，充分利用各自的优势整体推进区域教育改革事业。

（1）院区共建

在中国教科院和青羊区委、区政府的领导下，在青羊实验区专家组和青羊区教育局的密切配合下，中国教科院青羊实验区在区域教育发展和学校教育发展等方面不断改革创新，锐意进取。在具体的日常工作中，青羊实验区不断创新工作机制，积极探索实验区工作的新模式，通过走进基层和专题调研提高了专家组服务决策与指导实践的能力和水平。在科研引领和行政推动的完美结合下，在领导、专家、学校、家长和社会的协同努力下，中国教科院青羊实验区的各项工作在稳定推进，青羊实验区的各项事业也步入了加速发展的快车道。

（2）整体推进

教育的发展从来都不是孤立的，而是与经济社会发展、历史文化背景以及国家政策密切相关。因此，青羊实验区认为在充分调研的基础上，制定一个在区级层面整体推进的教育规划是实验区建设之根本。2009年实验区成立以后，专家组立即开展了"青羊区中长期教育发展规划"研制工作，最终形成了详细的项目研制计划，展开了仔细深入的调研，并广泛征求了社会各界的意见，形成了详细的调研报告。2010 年，青羊实验区专家组对前期调研结果进行了认真梳理，经过反复论证修改，最终形成了《成都市青羊区中长期教育改革与发展规划（2010—2020 年）（讨论稿）》。经过教育局党委扩大会议的多次讨论，形成《成都市青羊区中长期教育改革与发展规划（2010—2020 年）（征求意见稿）》，并向全区教育系统征求意见。2011 年 5 月，成都市青羊区委、区人民政府印发了《成都市青羊区中长期教育改革与发展规划（2010—2020 年)》（以下简称《青羊教育规划》）（成青委发〔2011〕15 号），《青羊教育规划》正式向社会发布。为全面贯彻国家、四川省和成都市的中长期教育改革和发展规划纲要，深入推进中国教科院青羊教育综合改革实验区建设工作，青羊实验区全面启动了"学校五年发展规划"，并将 2011 年确定为"学校规划年"。

（3）科研引领

实验区专家组充分发挥科研引领作用，引导青羊实验区逐步确立了推进区域教育现代化的"四大战略"和"九大工程"，并逐步细化区域教育现代化的实施策略和路径选择，在区域、学校和学生三个层面带来了深刻的变化。

（4）创新发展

青羊实验区自建立以来，紧紧围绕着现代学校制度、教师队伍建设、教育质量监测和现代课堂建设等区域教育发展的重大任务，采取多种举措，实现实验区建设的创新发展。早在 2003 年，青羊区就开始了现代学校制度的研究。近几年，青羊实验区在原来现代学校制度建设的基础上，大力推进学校管理委员会制度的建设。青羊实验区通过制定《青羊区教师发展标准》等措施，探索科学高效、独具青羊特色的教育人才队伍建设之路，为青羊区基础教育改革与发展提供了有力的人才支撑，为实现教育现代化奠定了坚实的人才基础，为实现教育的高位均衡发展提供了坚实的人才保障。区域教育质量监测体系工程是实验区的年度重点工作之一。青羊区区域教育质量监测体系的建设旨在以监测实施评估，以评估促进发展，通过质量监测来探寻区域教育发展中存在的问题及原因，在对问题的分析基础上科学决策，制定适于青羊区域教育发展的具体改革措施。2010 年，青羊区教育科学研究院（原区教师学习与资源中心）成功申报国家级课题"区域构建现代课堂的实践研究"。从此，青羊的课程改革走上了探索"现代课堂"之路，构建现代课堂成为青羊区推进基础教育课程改革的核心工作。

2. 主要改革策略

（1）加快教育现代化发展

推进教育现代化，首先必须依托经济的发展，只有当经济的发展程度达到一定的水准，才能顺利实施教育现代化。成都市 2008 年人均国民生产总值达 30855 元，已大大超过我国推进教育现代化的发达地区当年启动时的水准，为成都市推进教育现代化建设提供了有力的保障。在中西部地区，成都市已经提出从初步实现教育现代化，到率先基本实现教育现代化，再到率先全面实现教育现代化的发展目标。青羊区作为成都市的核心区域，将承担实现这一目标的重要责任，即要在成都市教育现代化发展中保持领先位置。青羊区教育现代化发展的核心，即在教育发展过程中，通过教育思想、教育体制、教育内容及方法、办学条件、师资队伍、教育管理的现代化建设，逐步率先实现学前教育、初等教育、中等教育、职业教育、成人教育、社区教育达到现阶段的现代化标准，同时，教育决策、发展战略、投入机制、教育环境等与经济社会发展相适应，符合教育现代化的建设要求。

（2）促进教育均衡化发展

青羊实验区城乡教育高位均衡发展的核心，就是坚持"城乡居民子女人人享受优质教育"的目标，用统筹城乡发展理念，推进城乡教育一体进程。坚持以一个标准配置城乡教育软硬件设施，以一个标准衡量城乡教师、校长的工作，最终实现城乡一个标准评价学生的培养质量；坚持构建城乡一元的公共教育体制，构建和完善统一的城乡学校建设标准、师资配置、课程设置、办学质量等；坚持在建立法规、制度、投入三方面的保障机制上下功夫，达到统筹城乡教育事业发展的一元标准。通过改革创新，促进教育各个板块的协调发展，最终实现惠及于民、惠及于生。

（3）坚持教育特色化发展

教育特色化通常是指一所学校在发展过程中，形成比较持久稳定的发展模式和被社会公认的、优良的教育理念、办学目标、培养方式和文化传统等方面的特征。"特色"最基本的含义是与众不同，特别出色。近几年，随着青羊实验区教育综合改革的深入推进，区域教育发展的主要矛盾已经从"有学上"转变为"上好学"。在基础教育阶段，"上好学"的矛盾要求学校必须提升办学质量，形成办学特色，满足人们的多样化需求。同时，在青羊区大力推进教育均衡发展的过程中，学校的特色化可以有效防止"求同"带来的千校一面，真正提升学校的内涵，引导薄弱学校创新发展方式，最终实现区域教育的高位均衡发展。2009年以来，青羊实验区深入实施"一校一景、一校一品"工程，从科研和行政上大力支持区域内中小学凝练办学特色，提升办学品质。在教育特色化项目的推动下，青羊区的中小学逐步形成了鲜明的办学特色，有效满足了人民群众对多样化优质教育的需求。

（三）改革试点项目

《青羊教育规划》的研制工作，是中国教科院青羊实验区成立后启动的第一个重大项目，意义深远。制定并实施《青羊教育规划》，是贯彻国家、四川省和成都市中长期教育改革和发展规划纲要精神的需要，是加强中国教科院青羊教育综合改革实验区建设的需要，也是青羊加快教育发展、稳定推进教育改革的需要。

《青羊教育规划》明确了青羊区未来十年教育发展的战略目标和教育工作的指导方针，提出了各级各类教育的发展目标和定位，确立了教育体制改革的重点领域，建立了教育改革与发展的保障机制。规划描绘了青羊区未来十年的教育发展蓝图，是指导教育改革与发展的行动指南，是统领教育工作的纲领性文件。

中国教科院青羊实验区在"城乡统筹、质量领先"的战略目标下，认真落实"院区共建、整体推进、科研引领、创新发展"的战略构想，在稳定推进阶段，以重大项目为抓手，稳步有序地推进实验区的重大项目。

1. 构建基础教育质量监测体系

青羊实验区结合已开展的教育质量监测工作，努力构建符合青羊实际并具有青羊特色的基础教育质量监测体系。为构建青羊区基础教育质量监测体系，实验区深入开展了如下工作：①成立青羊区基础教育质量监测中心，组建教育质量监测专业队伍；②开展教育质量监测专业队伍培训，完善教育质量监测技术平台；③初步搭建教育质量监测体系，并据此在全区范围内开展教育监测与分析工作；④发布年度区域教育质量监测分析报告。

2. 研制区域教师专业发展标准

为了全面落实青羊区教育人才队伍建设五年发展规划，努力建设一支高标准的教育人才队伍，青羊实验区积极参加中国教科院教育综合改革实验区"区际教育人才队伍联动交流"项目，开展教师专业发展相关研究，正式启动《青羊区教师专业发展标准》研制工作，对校长、教师的职业发展和终身学习提出明确的要求。同时，进一步完善校长、教师轮岗机制，促进教育人才队伍的合理、有序流动。目前，中国教科院青羊实验区已经完成了《青羊区教师专业发展标准》和《青羊区教师专业发展标准实施方案》的研制工作，将在专家论证的基础上经学校试点后在全区推行。

3. 开展国家级课题研究

中国教科院青羊实验区努力推进科研引领下的区域教育科学发展，全面开展青羊实验区承担的国家社会科学基金"十一五"规划 2010 年度教育类课题"我国西部县级区域教育现代化行动研究"。2011 年，各子课题组全面开展了相关研究工作，并形成了阶段性研究成果。同时，这项国家级课题研究与《青羊教育规划》实施进程以及青羊区教育现代化建设的"九大工程"同步推进，相辅相成，共同推动青羊区教育事业的科学发展。

4. 整体提升学校办学水平

要整体提升学校办学水平，规划是关键。青羊区全体学校五年发展规划研制工作，是继《青羊教育规划》后，稳定推进青羊实验区建设的另一重要抓手。青羊区教育局领导班子和中国教科院青羊实验区专家组经认真商议后一致认为，制订科学、合理的学校五年发展规划，既是贯彻落实国家、省、市、区中长期教育改革和发展规划，应对教育外部挑战的必然要求，也是促使每一所学校按照教育规律办学，办出特色、办出水平，出名师、育英才的内在需求。为此，青羊区教育局印发了《关于制订"学校五年发展规划"的指导意见》（成青教〔2011〕21号），并将2011年确定为"学校规划年"。

青羊实验区非常注重制订学校五年发展规划的培训，以保证制订学校五年发展规划的高起点。为此，青羊实验区召开了学校五年发展规划工作部署暨培训会，在部署学校发展规划专项工作的同时，还邀请中国教科院专家做辅导报告。为推进各项工作的落实，青羊区教育局要求各学校应遵循民主性、前瞻性、可行性和效益性的基本原则，系统开展五年发展规划的研制工作。一是深入总结学校既有的优势和存在的不足，分析学校面临的机遇和挑战。二是按照时代性、创新性、操作性、评估性的要求，致力于促进学校的内涵发展和特色发展，提出学校的五年发展目标和年度发展目标。三是制订学校发展规划的实施策略，通过确立最有利于推动学校各项工作的若干重点发展项目，整合政府、学校、社会三方资源，集中力量加以突破。四是加强领导，整合资源，完善相关规章制度，建立起能够将规划落到实处的完整的保障体系。

三、多元开放、国际融合：
大连市金州新区实验区发展模式

大连市金州新区承载着坚决实施国家区域发展战略、引领大连经济腾飞发展和全域城市化建设的光荣使命，金州新区教育的使命无疑更为重要和关键。汇聚两区原有的优势资源和优良传统的金州新区，教育力量得到了加强。但随着行政区规模的扩大，使教育体量格局也发生了变化。教育人口迅速增加，生源结构复杂多元，资源配置和体制机制及教育观念存在一定差异，如何通过改革创新保证区域教育各种资源和各种制度体制的系统运行，这是区域教育发展面临的艰巨任务和严峻挑战。为此，金州新区实验区提出并践行了"多元开放、国际融合"的发展模式。

(一) 发展模式的内涵

"多元开放、国际融合"主要是指以多元开放的观念和教育国际化的思路谋划区域教育的发展。

"多元"是教育资源的多元，是教育管理制度、办学体制、办学形式等的多元。"开放"是对具有不同文化背景的教育资源的充分认同与借鉴，是对教育管理制度、办学体制、办学形式等的多元化探索。就其实质追求来说，教育的多元开放就是要尊重教育文化的价值性、多元性和差异性，要充分继承和包容多元的人类优秀文化；要合理发挥教育资源的动力效能，要科学规划教育发展的实践模式。总之，多元开放的价值指向就是要改革与创新，创设和优化促进区域教育发展的文化资源、文化环境与动力系统。

"国际融合"主要是在教育观念、教育思想、教育内容、教育体制、人力资源、办学方式以及课堂教学形式上，用国际的视野、国际的标准来把握、考量和发展；是在了解教育国际标准、追赶世界发达水平的过程中，结合本地实际，保持本土优秀文化传统，真正参与到国际活动中去，并把我们的影响带到国际。"化"者，是双方相互影响的过程，不仅仅是单方面受他人影响，还要去影响他人。所以，国际化的真谛在学习他国先进文化的同时，用我国的优秀文化去影响他国。

"多元开放、国际融合"的理念，是在充分关照教育规律和国际大视野的前提下，对教育发展的一种创新观点，也是对金州新区经济、社会、教育特征与发展趋势进行深刻分析和前瞻性战略思考的基础上所做出的精准判断，是对金州新区教育改革和发展所做出的精确定位，是对金州新区教育综合改革实验区建设发展提出的高标追求。

面向未来，金州新区如何在教育实践中探索一条在全国范围内具有引领和启示价值的特色发展之路，进而，能否在这片具有多元开放环境优势的土地上，培养具有民族精神、国际意识、国际交往能力、国际竞争能力的人才，探索一条可以走向世界的高品质教育实践模式，这是金州新区所应追求的崇高的理想主题。

要实现所肩负的光荣使命、承载的艰巨任务和追求的崇高理想，必须在经济和社会发展的大背景与国际大视野下谋划改革创新，无疑，这需要走"多元开放、国际融合"之路。

（二）改革思路和策略

近年来，金州新区教育人口迅速增加，生源结构复杂多元，全域教育资源配置和体制机制以及教育观念存在一定差异。另一方面，金州新区经济飞速发展，区域教育发展目标要求在客观上使金州新区教育发展面对更为艰巨的任务和更为严峻挑战。在诸多现实问题面前，金州新区为深入贯彻落实国家教育规划纲要精神，积极践行"多元开放、国际融合"的区域教育发展理念，确定了以优先发展为政策导向，以优质发展为终极目标，以均衡发展、内涵发展和特色发展为阶段目标，以创新发展和优态发展为动力保障的系统化的教育改革与发展战略思路（见图 3－1）。

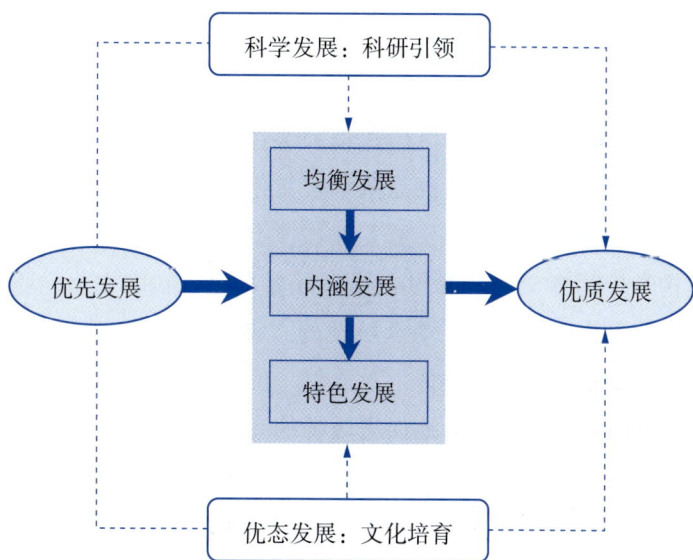

图 3－1　大连市金州新区教育发展实施战略框架

优先发展作为金州新区教育的政策导向，最直接的体现一方面是在区域整体发展的战略部署中凸显教育的突出地位，另一方面是在教育经费上加大投入的力度。金州新区党工委、管委会把教育事业定位为最大的民生工程，将发展区域教育作为优化新区发展环境、提升新区形象、增强新区软实力的重要途径；与此同时，不断加大对教育的投入，2010 年、2011 年财政分别投入 9.12 亿元、10.99 亿元发展教育事业，2012 年教育投入达 17 亿元，教育投入增长率在 19% 左右。在确保教职员工工资、校舍维修建设等专项经费支出的基础上，从 2011 年起连续三年每年财政向教育增加 1 亿元的教育资金，努力打造一流的校园环境、一流的教学设施、一流的教师队伍、一流的教育成果。

均衡发展是金州新区教育发展的奠基工程。从 2010 年开始，金州新区党工委、管委会提出要创建辽宁省基础教育强区。在历时两年创建强区过程中，金州新区学校标准化建设进一步加强，区域教育管理水平进一步完善，校长办学思想进一步提升，学校办学理念和特色内涵进一步凝聚，区域教育教学质量逐步提高。2012 年 10 月 25 日，金州新区高质量通过辽宁省基础教育强区和全国县域义务教育均衡发展基本均衡区考核验收，这标志着金州新区基本实现了区域教育均衡。

内涵发展是教育质量的核心标准，金州新区注重对教育发展的内部因素主要是学校文化建设、教师队伍建设和课程建设方面的重点突破。在学校文化建设方面，以全域塑造高品位学校文化为基点，以高起点凝聚和提炼学校办学核心理念为切入点，立足学校文化的"主体生成"，科学规划和整体建构学校德育文化、课程文化、行为文化、制度文化、环境文化。在教师队伍建设方面，通过推动全域性的"课例创新研究"，激发教师的科研意识、科研信心与科研热情，激活每一位教师的实践智慧以及同伴之间的合作、交流与反思，有力地促进教师的专业发展。在课堂教学实践方面，着力塑造高品质"文化课堂"。彰显教育本真，深化课程内涵，淡化模式流程，强化教师主导，活化学习方式，切实促进金州新区教育教学质量的全面提高。

特色发展是教育质量核心指标的另一种形态，也可谓是内涵发展的升级版，金州新区积极探索特色学校建设、特色课堂教学和特色校本课程，以及教育国际化的实践创新。其中，教育国际化是金州新区贯彻"多元开放、国际融合"发展理念的重要途径，也是区域教育特色发展的核心主题。金州新区教育国际化遵循"以交流促了解，以了解谋合作，以合作促融合，以融合达共生"的发展思路，通过拓宽中外合作办学、建立友好学校、教师境外培训、推进双语教学、开设国际课程、开发国际理解校本课程、开展项目合作与课题研究等渠道进行一系列创新探索，生动诠释了教育国际化的真谛。

科学发展与优态发展是金州新区教育优质发展的两条内在统一的重要动力线索，其根本路径是凸显科研引领和强化文化培育相辅相成。金州新区与中国教科院建立教育综合改革实验区以来，根据"院区共建，整体推进，科研引领，创新发展"的工作指导方针，凸显以科研引领区域教育科学发展。科研引领的基本策略是：全面调查问诊，聚焦主题主线，强化理论指导，着力实践过程。文化培育的基本策略是：更新教育理念，统一教育思想，锤炼教育行为，探索教育创新。

（三）改革试点项目

在"多元开放、国际融合"发展理念的导引下，金州新区以"促进均衡、优质发展"为战略目标，以"文化培育、内涵突破"为实践主题，以"科研引领、改革创新"为实践动力，重点在区域教育文化建设、教师队伍建设、课程建设和制度建设尤其是教育国际化推进等方面开展改革实验，力图通过区域教育文化的培育、教师队伍素质的提升、课程教学的有效实施、教育国际化的高标推进以及教师队伍管理制度和教科研活动机制的创新，促进区域教育内涵发展、均衡发展和优质发展（见图 3 - 2）。

1. 教育国际化的实践创新

金州新区遵循"以交流促了解，以了解谋合作，以合作促融合，以融合达共生"的教育国际化发展思路，力图在交流中拓宽文化视域，在合作中促进文化自觉，在融合中达成文化自新，在共生中实现文化自强。通过中外合作办学、建立友好学校、教师境外培训、推进双语教学、开设国际课程、开发国际理解校本课程、开展项目合作与课题研究等渠道，开展区域教育国际化实践探索，业已形成独特优势。

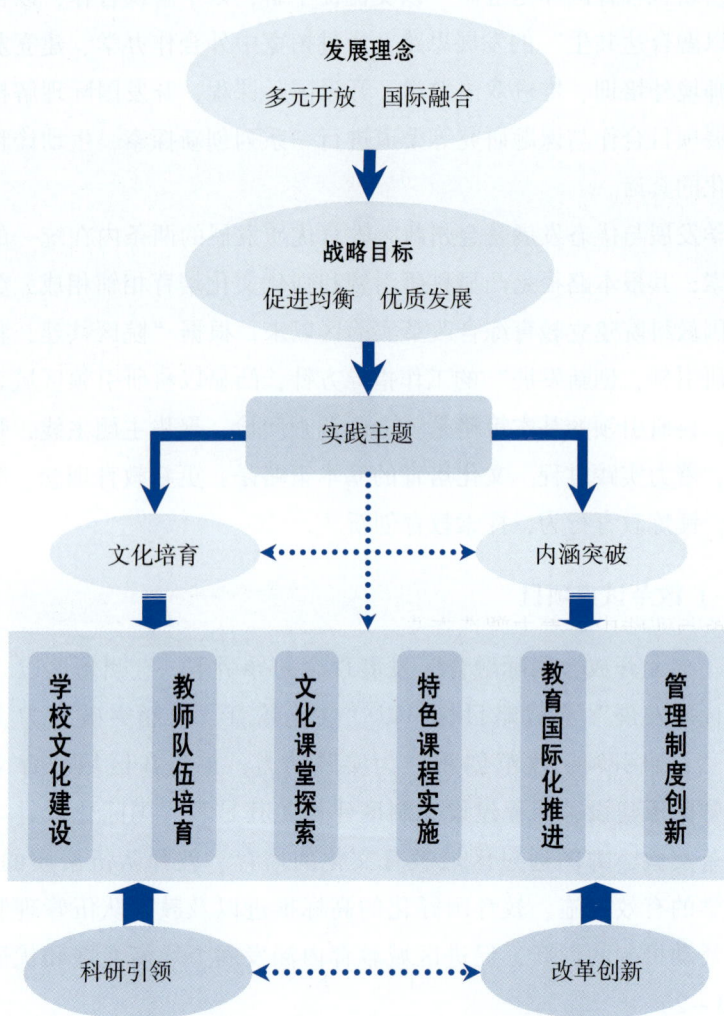

发展理念

多元开放　国际融合

战略目标

促进均衡　优质发展

实践主题

文化培育　　内涵突破

学校文化建设　教师队伍培育　文化课堂探索　特色课程实施　教育国际化推进　管理制度创新

科研引领　　改革创新

图 3 - 2　金州新区教育综合改革实践模式

2. 学校特色文化的顶层设计

金州新区以全域塑造高品位学校文化为基点，以高起点凝聚和提炼学校办学核心理念为切入点，立足学校文化的"主体生成"，科学规划和整体建构学校德育文化、课程文化、行为文化、制度文化、环境文化。涌现出一批内涵丰富、特色鲜明且颇具影响力的特色学校，呈现出"一校一模式""一校一特色""一校一文化"的生动局面，区域教育文化品质日益凸显。

3. 教师专业发展新模式的构建

金州新区在国内率先提出并全域推进"课例创新研究"这一教师实践学习和专业发展的新模式。课例创新研究是以每一位教师为主体，以同伴互助为依托，以课堂教学为研究对象，对具体的一节课进行设计、实施、总结、反思、提炼的一种全程化、系统化的教学研究与实践。课例创新研究的全域推进最直接地激发了教师的科研意识、科研信心与科研热情，最有效地激活了每一位教师的实践智慧以及同伴之间的合作、交流与反思，最有力地促进了教师的专业发展。课例创新研究实践成为金州新区教育一道亮丽的风景线。

4. 高品质文化课堂的实践探索

金州新区牢固树立"促进每一个学生健康成长"的教育宗旨，在深化课程改革与实践中，着力塑造本真、灵动的高品质文化课堂。高品质文化课堂旨在彰显教育本真，深化课程内涵，淡化模式流程，强化教师主导，活化学习方式。通过教师更好的主导，让学生以更好的学习方式享创人类文化，获得更好的发展。富于理性创新的高品质文化课堂实践探索，切实促进了金州新区教育教学质量的全面提高。

5. 特色化校本课程的系统开发

金州新区各学校以关照学生多元需求为基础，以促进学生全面个性发展为宗旨，以三级课程相互包容，隐性课程和显性课程相互促进、互为拓展、互为孕育为原则，系统化、特色化地开发实施了一系列精品校本课程，涵盖了主题德育、学科拓展、传统文化、国际理解、阳光体育、艺术审美、科技普及、实践活动、心理健康九大领域。区域校本课程体系日渐丰富，实施质量不断提高。

6. 教育管理体制的创新探索

探索机制创新，启动学校发展新模式。为了实现区域内学校资源共享，推进区域教育高质均衡发展，金州新区探索学校组团联盟发展的模式。在这一模式的驱动下，不仅是校长、教师动了起来，学生之间也开始了频繁而深入的交流。组团联盟发展为区域学校整体发展注入新活力，在学校协同进步的过程中，区域的教育文化进一步凸显，区域的团队精神进一步凝聚，区域的整体实力进一步提升。

加强区域合作，探索联动发展新举措。金州新区教育文化体育局与成都青羊区教育局启动了区际人力资源成长工程，开启了两区教育战略合作的大门。金州新区选派校长、副校长、后备干部到青羊区学校进行挂职锻炼，作为影子校长全程参与挂职学校的日常教学和管理活动。这种重实践、高起点、宽领域的培训方式，这种教育发达地区之间的高端教育战略合作，无疑成为新区教育走向更广阔空间的有益探索。

四、追求卓越、打造一流：
深圳南山实验区发展模式

南山区地处深圳市西部，与香港元朗隔海相望，是深圳市高新技术产业基地、旅游基地、教育科研基地和西部物流中心。改革开放 30 多年来，南山区始终坚持教育优先发展战略，坚定不移地推进教育现代化建设。在此背景下，南山实验区提出并形成了"追求卓越、打造一流"的发展模式。

（一）发展模式的内涵

卓越教育是以向学生或社区人士提供高效优质的教育服务为价值取向，能够最大限度地满足受教育者全面发展、卓越发展的教育。卓越教育既是一种教育理念，也是一种教育状态和过程。有了卓越的教育，打造一流的育人目标也就自然而然能够实现。

——作为"理念"的卓越教育，强调应有崇高的、目标明显高于其他区域、学校或自然人的教育追求与梦想。

——作为"状态"的卓越教育，强调横向比较，即一个区域、一所学校、一位教师等主体所提供的教育服务，应明显优于其他区域、学校、教师等主体所提供的教育服务。

——作为"过程"的卓越教育，强调纵向比较，即，"今天"的教育要明显地优于"昨天"的教育，"明天"的教育要明显地优于"今天"的教育，能够高效地实现纵向的自我改进、自我超越。

从内涵的角度来看，卓越教育是指培养卓越人才的教育理念、状态和过程。卓越教育是一种尊重教育规律和学生身心发展规律，为每个学生提供适合的个性化的教育；是一种尊重人性、尊重人格、丰富情感的理解教育；是一种面向全体、促进人人发展的均衡教育；是一种机会均等、待遇公正的公平教育；是一种挖掘潜能、开发智力的启潜教育；是一种学会学习、学会交往、学会合作的可持续发展教育；是一种学会思考、学会创造、培养创新思维意识的创新教育；是一种具有国际视野、培养国际化能力的国际化教育；是一种促进德智体美和谐发展、提高学生综合素质的全面发展的教育。

卓越教育文化是在推进以"卓越"为核心理念的教育发展过程中所留下的各种遗存。卓越教育文化是一个庞大的文化体系。南山区在"追求卓越、打造一流"的过程中，通过多方面的努力，争取用最短的时间把该体系建立起来。该体系实际上包含了精神力、执行力、形象力三个子系统的"卓越"，包含了德智体美诸方面的"卓越"，包含了学校、校长、教职工、学生、学生家长、学校所在社区等主体的逐一"卓越"，包含了学校管理、教职工队伍建设、课程建设、教学、学习、班主任工作、德育工作、后勤工作、安全工作、校本科研、学校发展性评价等业务工作的"卓越"，包含了观念、计划、实施方法、结果、传播与学校品牌塑造过程中各阶段的"卓越"，包含了过去与现在的不同水平和风格的"卓越"以及在未来所要追求的"卓越"，包括了在深圳市内、广东省内、国内和国际上正在追求的不同空间范围的"卓越"。一般而言，卓越教育观包括：

卓越课程观——不是生搬课程，而是优化课程；不是传统的农业社会、大工业社会的课程，而是能够适应未来社会所需的、更加强调能力培养的课程。

卓越师生观——教师不再是"蜡烛",而是"打火机";师生不是"对手",而是学习、成长的伙伴。要激发学生、点亮学生,让学生自己释放出光和热。师生都是智慧者,实现师生"双赢"。

卓越学生观——学生不是学习的奴隶,而是学习的主人,每一位教师和每一位学生都应当是学习的建构者。

卓越教学观——教学不是灌输知识,而是点燃智慧,为智慧人生奠基。

卓越学习观——学习不仅学知识,更主要是学会学习,人人都能建构能力;系统的学科知识是基础,在打好基础的前提下,要着力形成未来社会所需的能力体系。

卓越评价观——评价不仅是价值判断,更是"心理构建",能够促进师生自主成长、可持续成长、以能力为核心健康成长。

(二) 改革思路和策略

南山实验区以先进科学的教育理念、睿智豁达的教育智慧、率先垂范的教育愿景、创新发展的改革风范和精神,积极践行《教育规划纲要》,深化素质教育,推进基础教育课程改革,取得了国内领先的成就。基本改革思路和策略是:

——以"树国际城市标杆"为目标,创建卓越教育文化体系,建构卓越教育发展平台。按照"面向现代化、面向世界、面向未来"的要求,搭建区域卓越教育文化体系和各具特色的学校教育文化体系。

——以教育行政队伍、教研员队伍、校长队伍、教师队伍四支队伍建设为重点工作之一,创新队伍建设机制,培养一支业务精湛、充满活力的卓越型教育工作者队伍。采取优才引进、多途径在岗培训、多层级课题或项目研究、校本课程开发、研课、名校长工作室机制、专家组研究助理机制、短期访问交流、中期挂职等灵活有效的方式,对四个类别的教育工作者进行培养。

——以能力取向、多维发展为特色,加快建构三级课程体系,搭建促进学生个性化发展的课程平台。研究未来社会对人才的需求标准，根据该标准，改造原有课程体系，确定以未来所需的能力为基本取向的教学内容。在若干所学校开展前瞻性的实验。

——以"以学为本、问题导学"为区域课堂教学核心理念，实施以公民养成教育、课堂文化建设、阳光体育活动、学生社团发展为内容的"四轮驱动"战略。在卓越课堂教学模式创建和学生社团发展方面开展教育实验研究，推行学生社团实施自主管理，锻炼学生自主能力，培养学生领袖素质，促进学生民主意识和规则意识的形成。

——以"智慧南山"为愿景，实施教职工队伍建设、课程建设、教育数字化建设、教育国际化建设"四大工程"。

——以"课题引领、研究推动"为导向，建立教育科研高地，搭建行政推动、集成创新的科研平台。通过课题或项目的实施，解决教育改革和发展过程中的许多难题，推动教育改革和发展，锻炼队伍，凝练成果，不仅造福于南山区，也为其他地区、学校提供鲜活的、引领性的经验。

——以"对话、理解、融合、发展"战略思想来全面推进教育国际化建设，建立国际合作、对话世界的开放教育体系。开展教育国际化建设方面的项目研究工作，开设国际课程。

（三）改革试点项目

南山教育综合改革实验区紧紧围绕着"国际视野下的区域卓越教育理论与实践研究"这一国家级课题的研究目标，依据《深圳市南山区教育事业发展第十二个五年规划》精神，结合南山区教育改革与发展需要，具体开发和设计了四个项目。

1. 卓越教育文化

本项目内容分为理论性研究、政策性研究和实践性研究三部分。其中，理论性研究内容主要为"卓越教育文化的基本理论体系研究"，政策性研究内容主要为"推进区域层面和学校层面卓越教育文化建设的相关政策研究"，实践性研究内容主要为"《学校章程》研究、《学校发展规划》

（含各专项规划）研究、学校《文化战略纲要》的设计与实施研究、学校管理公开相关制度研究"。研究周期为一年，预期成果包括：南山区卓越教育文化基本体系、学校（公办幼儿园）章程、学校（公办幼儿园）发展规划（含部分专项规划）、学校（公办幼儿园）文化战略纲要、卓越教育文化特色发展相关政策性文件、学校文化学专著等。通过本项目的研究，推动区域和学校（公办幼儿园）两个层面的现代教育文化的发展，提升现代教育管理水平，凝练相关成果，宣传教育业绩，为名校长、名教师的成长创造条件。

本项目主要包括区域教育文化体系建构和学校教育文化体系建构两个方面（见图 3 - 3、图 3 - 4）。

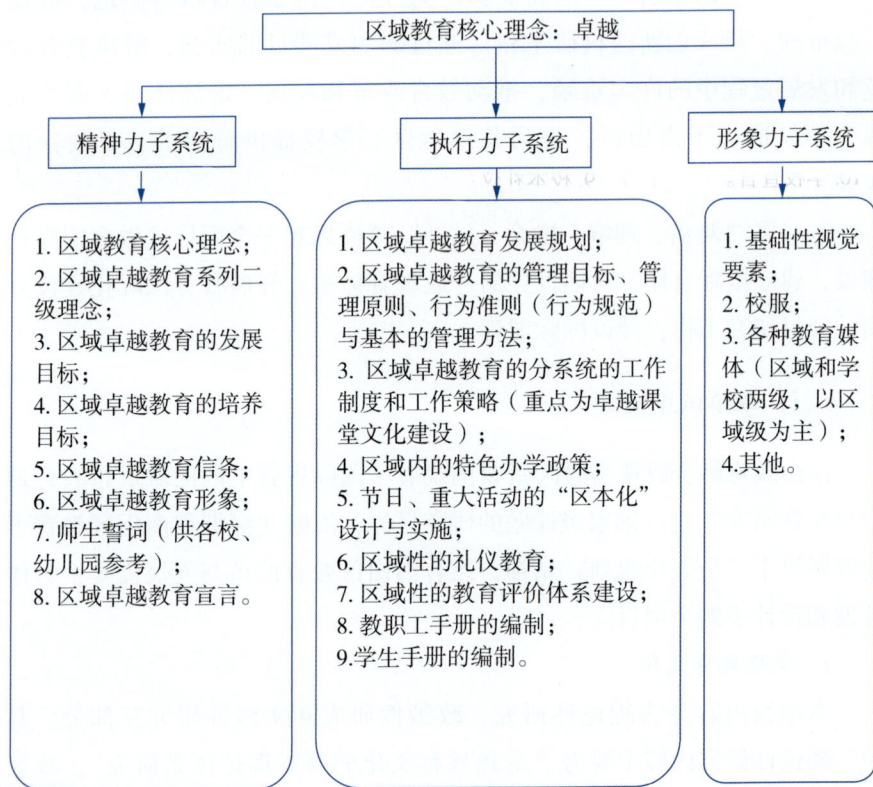

区域教育核心理念：卓越

精神力子系统

执行力子系统

形象力子系统

精神力子系统：
1. 区域教育核心理念；
2. 区域卓越教育系列二级理念；
3. 区域卓越教育的发展目标；
4. 区域卓越教育的培养目标；
5. 区域卓越教育信条；
6. 区域卓越教育形象；
7. 师生誓词（供各校、幼儿园参考）；
8. 区域卓越教育宣言。

执行力子系统：
1. 区域卓越教育发展规划；
2. 区域卓越教育的管理目标、管理原则、行为准则（行为规范）与基本的管理方法；
3. 区域卓越教育的分系统的工作制度和工作策略（重点为卓越课堂文化建设）；
4. 区域内的特色办学政策；
5. 节日、重大活动的"区本化"设计与实施；
6. 区域性的礼仪教育；
7. 区域性的教育评价体系建设；
8. 教职工手册的编制；
9. 学生手册的编制。

形象力子系统：
1. 基础性视觉要素；
2. 校服；
3. 各种教育媒体（区域和学校两级，以区域级为主）；
4. 其他。

图 3 - 3　区域教育文化体系建构指南

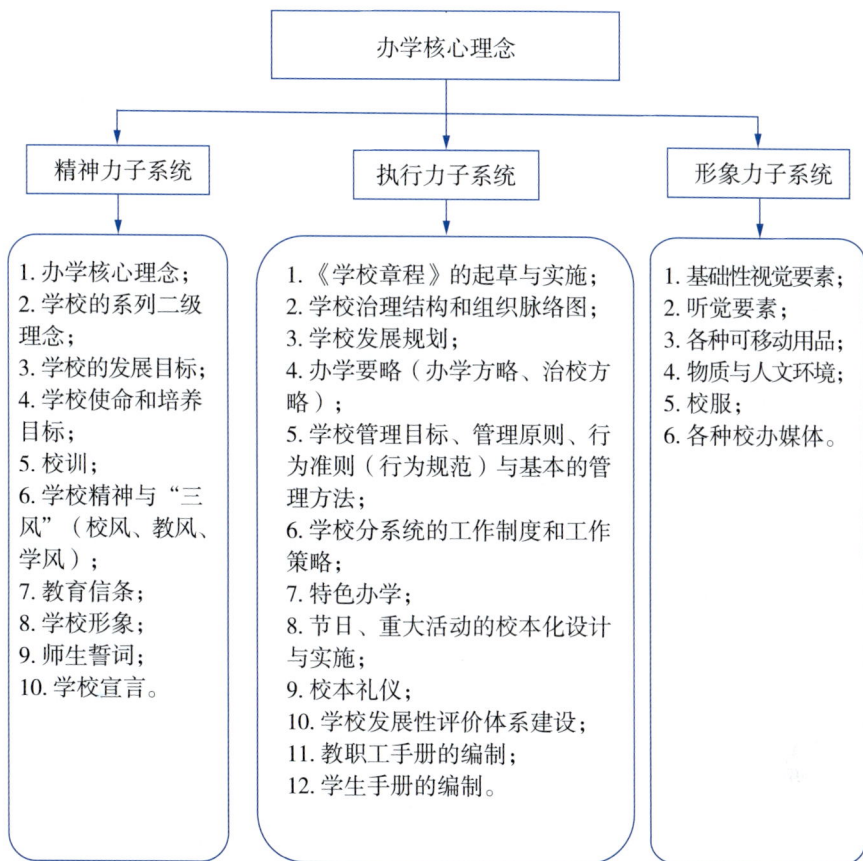

图 3-4　学校教育文化体系建构指南

2. 卓越课堂文化

本项目是基于南山区卓越课堂文化建设成就和未来发展需要，根据南山实验区"追求卓越、打造一流"的战略方针，结合南山区教育局"突破高中、带动初中、巩固小学"的战略思路而研发制定的。在创建策略上，采用"三轮驱动"创建策略，即"专家引领＋实践者对话＋骨干教师示范"为一体化的综合性指导策略。主要研究内容包括：

① 南山区中小学课堂教与学方式转型研究；

② 教师结构化课堂设计与问题学习工具单开发研究；

③ 教师课堂导学行为与艺术研究；

④ 学生新学习能力培养及习惯养成研究；

⑤ 学校个性化卓越课堂模式创建研究；

⑥ 区域卓越课堂文化体系建设研究。

研究目标如下：

① 建立中小学一体化、持续化的卓越课堂文化体系，高中、初中和小学创建数量构成梯形结构。

② 以项目促教师专业发展，打造一批新型名师、教育家型卓越教师。

③ 实现课堂内涵转型，全面提高教育教学质量，使一批学校成长为全国基础教育课程改革示范校。

④ 在全国范围内，创区域教育改革与发展品牌，扩大影响力和知名度。

"先学后导—问题评价"教学模式是学校个性化卓越课堂模式的重要组成部分，它是一个综合性的系统学习模式，包括课前、课中、课后三个阶段的教学过程，在这三个阶段的教学过程中，只有采用相应的教学行动策略来支持，才能使这个教学模式"活"起来，发挥它应有的作用和价值（见表 3 –1）。

表 3 –1　新课程有效教学"先学后导—问题评价"模式行动策略体系一览表

主体	课前阶段行动策略体系	课中阶段行动策略体系	课后阶段行动策略体系
学生	结构化预习行动策略： • 读：走进文本策略 　◆ 要求保证阅读遍数 　◆ 启用《阅读评价章》 　◆ 采用"六字诀"阅读 　（查、画、写、记、练、思） • 导：完成导读评价 　◆《问题导读——评价单》 • 作：完成课后作业 　◆ 预习笔记	自主合作探究学习策略： • 自主学习策略 　◆ "三定" 123 策略 • 小组讨论学习策略 　◆ 指导策略：12345 策略 　◆ 学科长负责制，建多元评价 　◆ 重点是"一真二助三评价" • 展示对话学习策略 　◆ 采用"展示学习"六字诀	回归评价型学习策略： • 拓展学习"六字诀"： 　（纳、展、问、忆、练、思） • 学习反思（周）日记 • 知识模块归纳表 • "3715"回归复习评价章 • 创建学科文件夹

续表

主体	课前阶段行动策略体系	课中阶段行动策略体系	课后阶段行动策略体系
学生	◆ 预习作业 ● 问：完成问题评价 　◆ 填写《问题评价单》	（展、思、论、评、演、记） ● 问题生成策略 　◆ 三步生成法，利用《问题生成单》 ● 工具性训练学习策略 　◆ 任务驱动法，利用《问题训练单》 ● 高级思维训练策略 　◆ 联想创编法	
教师	结构化备课行动策略： ● 全：全景式评价表 ● 单：结构化教学设计： ［一案三单］ 　◆《学习方案设计》 　◆《问题导读——评价单》 　◆《问题解决——评价单》 　◆《问题训练——评价单》 ● 定：落实"五定"要求 　◆ 定内容 　◆ 定标准 　◆ 定时间 　◆ 定目标 　◆ 定期望 （简要行动口诀）	教师智慧教学行动策略： ● 型：按课型组织课堂学习 （如按问题解决课展示学习） ［问题呈现—自主合作—展示评价—问题训练—提升意义］ ● 组：组织新型小组合作学习 　◆ 实现"三化"，狼性学习 ● 智：智慧性指导教学 　◆ 角色行动策略 （"生进师退"） 　◆ 关注问题与"差生" 　◆《随堂记录评价卡》 　◆ 实抓"一激二评三落实" （简要行动口诀）	回归评价型指导策略： ● 组织单元回归复习 ● "契约"评价表 ● 学生作业评价 ● 学业成绩评价 ● 个性化拓展学习

3. 卓越课堂教学与学生学业成就评价

本项目是基于南山区卓越课堂文化建设的成就和现状，为了深度推进南山区卓越课堂文化建设、全面提高区域教育质量而开发设计的。通过本项目，实现以下目标：构建卓越课堂评价体系和促进学生发展评价体系，解决课堂教学评价中存在的问题，提升区域内教师运用评价技术的能力和教学与评价能力，促进课堂教育教学质量的提高，最终促进学生的综合素质全面发展和教师专业发展。研究的总体目标是基于区域内课堂评价基础，通过行动研究和实证研究，促进"结果规定过程的评价范式"向"结果与过程相互流通的评价范式"的转型，促进课堂教育教学能力的提升和课堂教育教学质量的提高，最终促进学生的综合素质全面发展，形成人人卓越成长支持体系，为新时期人才培养模式变革提供范式，指导区域内教师加速成长、卓越发展，形成大样本优质教育资源群，通过评价引领促进学校品牌建设，凸显特色与卓越。

本项目的创建技术，主要是通过测量技术、评价技术和数理统计技术，建构区域层面促进学生发展的《卓越课堂教学设计评价指引》《卓越教学管理评价指引》《卓越教学模式评价指引》《卓越课堂文化评价指引》，继而以此作为项目实施的"抓手"，推动卓越课堂文化建设，全面提高教育教学质量。项目实施遵循"以研促评、以评促创"的原则，科学规范地实施本项目。

在项目实施策略方面，采用"行政推动＋技术引领＋行动研究"的三轮驱动研究策略。在充分尊重中小学校现有评价制度和机制基础上，科学创新，积极推动各个实验学校的卓越课堂文化建设，促进学生特色化、个性化发展和教师专业化发展以及学校品牌的创建。

研究的主要研究内容包括：①建构区域层面促进学生发展的卓越课堂教学模式评价指引研究；②建构区域层面促进学生发展的卓越课堂教学管理评价指引研究；③建构区域层面促进学生发展的卓越课堂文化评价指引研究；④建构区域层面促进学生发展的卓越课堂教学设计指引研究；⑤引领各项目学校构建校本的卓越课堂教学模式、管理、文化评价体系研究；⑥构建区域学业成绩评价的指标体系研究。

项目研究的总体技术路线如图3－5所示。

4. 教育国际化

本项目研究基于深圳市建设国际化先进城市的内在要求和南山区打造教

育国际化先锋城区的战略构想而提出。项目的创建目标：一是充分应用南山教育云服务平台，有计划、有步骤、有目的地推进区域教育国际化；二是根据南山区教育局"聚焦问题、突出重点、力争实效"的工作方针，拓宽师生的国际视野，提升南山教育的国际影响，促进区域教育的国际化发展。

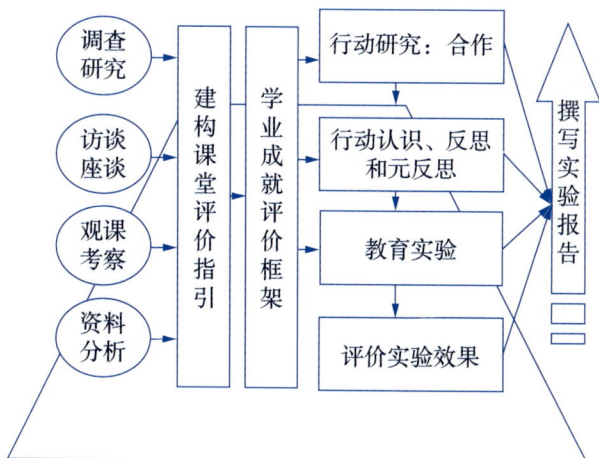

图3-5 项目研究的总体技术路线

在项目创建技术方面，充分调动教育主体的积极性，利用优质教育资源，建设南山教育云服务平台。在项目创建策略上，采用"政府搭台＋学校推动＋师生投入"三维一体、项目推进的综合性创建策略。"政府搭台"是指南山区人民政府特别是南山区教育局重视该项工作，在政策上对教育国际化和教育云的建设给予支持，在人力、物力、财力方面予以倾斜。"学校推动"是各中小学、幼儿园要凸显教育国际化建设主阵地的重要地位，充分发挥主动性，为广大师生在云服务平台上参与教育国际化提供条件和保障。"师生投入"是指广大师生积极投身教育国际化，充分利用云服务平台和优质教育资源，不断提升各项能力。"项目推进"是指通过教育国际化的相关项目来推动教育云的不断完善以及国际教育活动的不断开展，以此来推动教育国际化的健康发展。

项目的研究目标为：教育国际化先锋城区。通过本项目基本建成南山教育云服务平台，在全市、全省乃至全国率先实现教育国际化，努力把南山建设成为具有区域特色、对本区和境外人员子女就学有较强吸引力的高水平的国际化教育先锋城区。

项目的主要研究内容包括：①在南山教育信息服务平台的基础上，启动教育云服务平台建设研究；②加强教育交流与合作，促进多层次、宽领域的国际教育交流与合作研究；③具有国际视野的校长和骨干教师队伍建设研究；④提升学生国际交往和竞争能力研究；⑤具有较高水平的国际化教育服务平台建设研究。

项目的研究策略为：①调动教育主体的积极性。充分调动政府、学校、师生、家长、社会等多方教育主体的积极性，集思广益，多方努力，搭建平台，挖掘资源，扩大交流，力求实效。②建设南山教育云服务平台。在南山教育信息综合服务平台的基础上，统筹规划全区教育云服务建设，在基础建设、网络服务、应用终端等几个主要领域开展研究与建设，力争为教育国际化提供优质服务。③利用优质教育资源。通过搜集、购买、自建、整合等多种渠道，建设南山教育资源数据库，提高教育资源的质量，扩大教育资源用户的数量，发挥优质教育资源的效益。

五、高位提升、惠及全民：
宁波市鄞州实验区发展模式

宁波市鄞州区位于浙江东部沿海，经济稳健高速发展，教育取得了跨越式发展，保障能力增强，素质教育深入实施，学前教育快速发展，职业教育基础能力提升。但是，随着城市化进程的加快，鄞州教育也遭遇到城市化发展过快以致优质教育资源相对欠缺、教育发展整体均衡但"教育名品"相对缺乏等诸多新问题、新挑战。为此，鄞州实验区从鄞州"新城区、新教育"的全局性、前瞻性高度，提出了"高位提升、惠及全民"的战略目标和发展模式。

（一）发展模式的内涵

实现"高位提升"，目的在于实现教育事业内涵式发展，重点在于提高质量。提高质量是推动教育事业内涵式发展的核心任务，也是高位提升的着力点，同时也是社会各界关注的热点和人民群众对教育最大的期待。归根结底，提高教育质量，实现高位提升，要始终坚持"育人为本"，教育所有的改革和努力都要服务于这个目标。

"惠及全民"的核心是促进区域教育公平。惠及全民，即现代化的教育成果能够为所有人共享，能够对增进人们的福祉有实质性的贡献。作为区域教育发展战略目标之一，它主要包含了如下三层意思：有益于学生身心健康成长；有益于教师发展和校长管理；有益于学习型社区和社会的构建。也就是说"惠及全民"的对象不仅包括学校的师生，也还包括家长和所在社区的居民。通过现代学校教育的建设与现代学校教育制度的建立，形成好的学习风气，进而在此基础上，广泛开展城乡社区教育，加快各类学习型组织建设，基本形成全民学习、终身学习的学习型社会。鄞州作为经济较发达地区，不仅要让教育普及更多人，办人民满意的教育，更要通过教育这一措施，建立学习型社区和学习型社会，实现全民的终身教育，也就是说不仅要追求机会的公平，更要追求质量的公平，进一步通过综合教育改革，在更全面和更深刻的意义上追求教育公平。

"高位提升、惠及全民"旨在通过促进学生心身健康成长和谐发展，为社会主义现代化培养德智体美全面发展的建设者和接班人。促进学生健康成长是教育的根本，为社会主义国家做贡献归根结底也还是为了推动社会前进，为了人民的共同幸福。一言以蔽之，"高位提升、惠及全民"的本质是实现教育优质均衡发展，最终目的在于造福民生。

"高位提升、惠及全民"是应对鄞州教育"高原"瓶颈问题的解决思路。鄞州教育的"高原"问题主要集中在两点：一是对高质量教育的需求，二是对教育公平的进一步需求。因此，必须通过高位提升，提高教育质量，以满足鄞州人们对优质教育的需求；通过惠及全民，促进公平，满足鄞州人们对教育民主和均衡的需求。

（二）改革思路和策略

在创建"幸福中国"、"幸福鄞州"的时代背景下，根据区委、区政府提出并实施的"幸福民生40条"要求，围绕"高位提升，惠及全民"的战略目标，在"小学创特色，初中抓规范，高中上质量，职教重服务"的原有基础上，立足区内多数学校追求幸福办学的强烈意向，实验区确立了"以幸福为共同目标，以优质均衡为核心，以教师专业发展为支柱，打造全国城市化进程中区域教育新样板"的鄞州教育科学发展观，拟定了"领导挂帅、科研引领、顶层设计、政策扶持、技术推动、分类指导、分层推进、重点突破、以点带面"的36字工作方针，实施"一年树点、三年推广、五年普及"的"三步走"战略。

1. 确立"幸福教育"先进理念，明确鄞州教育改革发展方向

根据时代精神和当地教育需求，鄞州实验区将"高位提升、惠及全民"的目标聚焦于"幸福"，提出"先让学校幸福起来"的区域教育战略定位，把教育置于幸福民生的优先发展地位。教育部2011年9月1日与中央电视台联合推出的以幸福为主题的"开学第一课"，充分肯定了"教育追求幸福"的方向，也进一步印证了鄞州实验区"先让学校幸福起来"的区域教育品牌建设的正确性、时代性、全局性和前瞻性。

2. 制订"幸福教育"整体规划，阐明鄞州教育发展战略部署

经过三个月的充分调查和研讨，实验区完成了《鄞州实验区教育综合改革近中长期规划（2011—2015）（讨论稿）》（以下简称《规划》），确立了以幸福为目标，以均衡为基点，以质量为重点，以内涵建设为主线，以引智整合国内外优质资源为酵母，以实现教育现代化为主题，以五大科研攻坚课题为引领，以校长、教师培训为突破口，以四个序列梯队为骨干，以全体教师为主力，以十类实验基地为先导的战略规划。该规划草案在全区教育行政会议上推出，后经多轮论证，得到了充分肯定和积极响应。

3. 描绘幸福教育战略蓝图，制定鄞州教育改革发展行动路线

专家组根据鄞州教育现有基础和未来发展所面临的迫切任务，汇总各方意见与建议，在《规划》的基础上，浓缩思想精华，聚焦核心任务，设计了《鄞州幸福教育品牌创建战略规划蓝图》（以下简称《蓝图》）。这一"战略蓝图"分主题、主线、主导、核心内容、战略步骤和最终目标六大部分，在核心内容的三个层面上又分别从目标、路径、重点、难点以及实施抓手五个方面进行了具体设计，更加明确地指出了改革路线图和具体举措，进一步提高了可操作性。《蓝图》进一步指明了鄞州教育的发展方向，细化了战略部署。(见图 3 - 6)。

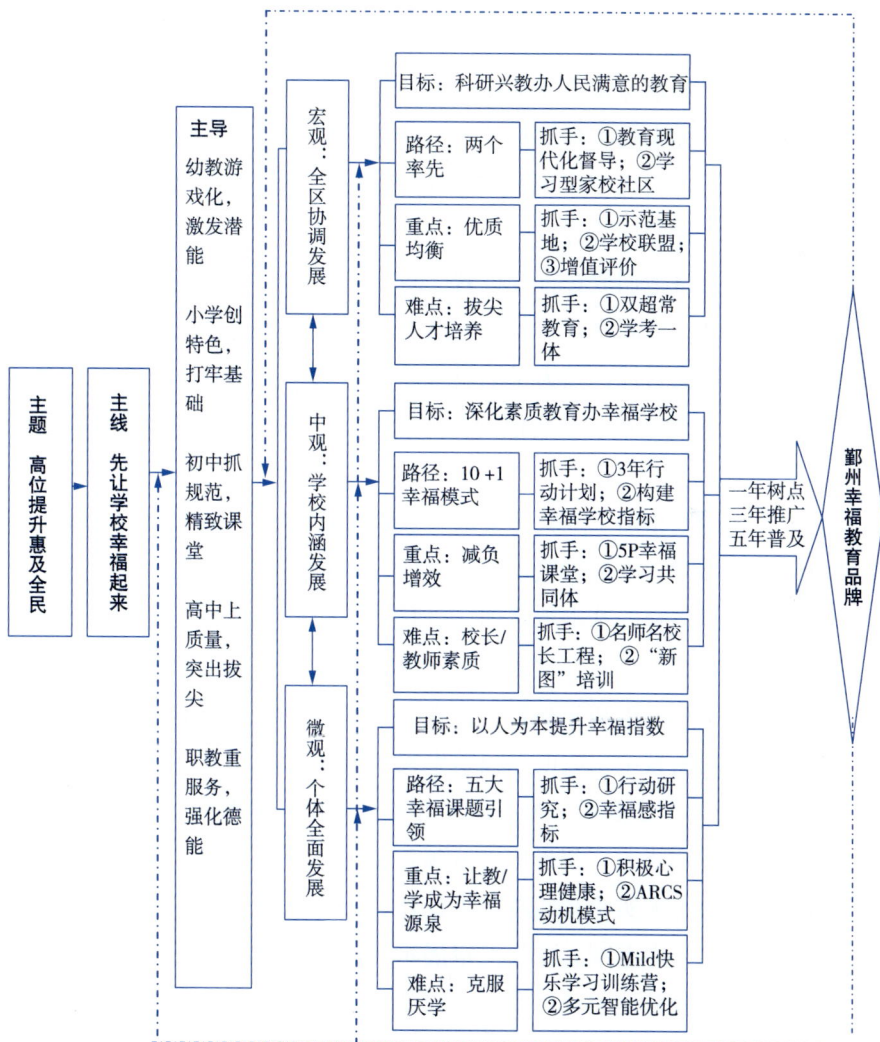

图 3 - 6　鄞州实验区教育改革发展规划蓝图

(三) 改革试点项目

1. 贯彻"科研引领"方针，探索五大攻坚课题

为破解鄞州幸福教育难题，充分发挥专家组科研引领作用，确立了五大攻坚课题作为打造幸福教育品牌的抓手：①幸福校长办出幸福学校；②幸福教师教出幸福课堂；③幸福班主任带出幸福班级；④幸福学生收获幸福学业；⑤幸福家长实施幸福家教。

五大攻坚课题明确了幸福教育的五大主体，他们既是幸福的体验者、分享者，又是幸福的创造者。五大攻坚课题将他们作为创造幸福、实施幸福教育的主体，将他们放在首要位置，肯定了他们的主体地位，鼓励他们努力追求幸福教育顺利实现。但是，从另一个角度来说，五大幸福主体也是幸福教育打造的目标，因为幸福教育是为"人"的教育，是为了参与教育变革的"人"的幸福，鼓励他们努力追求自身的幸福也是幸福教育的必然和应有之义。

五大攻坚课题指出了五大幸福教育成果和幸福教育的基本承载体。幸福学校、幸福课堂、幸福班级、幸福学业、幸福家教是五大攻坚课题的成果，是彰显幸福教育的基本承载体，也是主体获得幸福的五大基本场景和途径。在幸福学校中，培育幸福师生，成就幸福校长；在幸福课堂、幸福学业中，成就幸福学生和幸福教师；在幸福班级中，成就幸福学生和幸福班主任；在幸福家教中，成就幸福学生和幸福家长。

2. 以"十大示范基地"为亮点，打造幸福教育特色

根据"一年树点、三年推广、五年普及"的"三步走"规划，鄞州实验区将幸福教育十大实验基地遴选工作作为改革的重要项目，采取指导申报、专家打分、集中考察、校长汇报展示和正式批准挂牌五大步骤，确定十大幸福教育实验基地学校。十大幸福学校示范基地分别为：多元智能国际化学前教育示范基地、Mild（Multi-Intervention LD）突破学困快乐学习训练营、幸福课堂五步教学法示范基地、幸福校园示范基地、新融合教育（new inclusive education）示范基地、农村小班化"阿克斯"（ARCS）教育示范基地、双超（超常潜能、超常发挥）卓越教育 ART3（Accelerative race to the top）示范基地、积极心理健康教育示范基地、人本特教示范基地、教师培训新图（NUMAP）模式示范基地。各基地既代表了各级各类学校，又聚焦了幸福课堂、课外兴趣特长、快乐学习、高中新课程改革、拔尖人才培养、名师名校长成长以及幼儿潜能开发等教育重点、热点、难点，为带动全区教育高位提升先行先试。

3. 建设"五个序列梯队"，打造幸福教育中坚力量

幸福教育是师生双方体验幸福过程的实践。但是如果没有教师"幸福地教"，就很难有学生"幸福地学"，教师幸福与学生幸福的内在统一，是幸福教育的基本特征。而且对整个区域幸福教育工程的实施来说，幸福教育主力靠教师，提升品质靠科研，骨干靠班主任，统领靠校长，扩大影响靠宣传。因此，为进一步将幸福教育落到实处，促进幸福学校、幸福班级、幸福课堂建设，鄞州教育局组织起五个序列梯队：骨干科研人员、骨干校长、骨干班主任/教师、骨干心理教师、骨干宣传人员，成为幸福教育的中坚力量，同时培植这些中坚力量发挥对全区科研、管理、教师和心理健康教育、宣传队伍的带头示范、榜样引领作用。

实验区专家组继续发挥科研引领作用，联合幸福学校国际联盟联手开发幸福教育教师、班主任和校长培训精品课程，作为幸福学校建设、幸福班级建设和幸福课堂建设培训以及名校长、名班主任和名师成长指导的参考。具体而言，幸福学校建设精品课程包括幸福教育通识培训、幸福文化培训、幸福课堂培训、幸福课外培训四大模块共 18 课时；幸福班级建设精品课程包括幸福教育通识培训、爱心文化、和谐结构模块、积极心理、快乐成长、幸福课堂培训、满足特需培训七大模块共 22 课时；幸福课堂建设精品课程包括幸福教育通识培训、爱教爱学培训、会教会学培训、教会学会培训四大模块共 16 课时。

4. 推进"幸福课堂校际联盟"，深化幸福教育改革

2011 年，鄞州实验区组建了以云龙中学"高效课堂"为雏形的"鄞州区幸福课堂联盟"，制定了"统一规划、行政推动、示范引领、讲求实效"的实施原则，组建了包括 15 所中小学在内的首批成员校际联盟，成立了"幸福课堂"校际联盟领导小组，下设办公室，并成立咨询组，明确

了教科室、教研室、教师进修学校等相关职能部门的工作职责。随后，制订并颁发了《鄞州区"幸福课堂"校际联盟实施方案》，同时制订了培训、试点和推进三阶段工作进程方案。方案计划在 2011 年下半年完成联盟学校培训工作，2012 年上半年在首批联盟学校中进行课改试点，2012 年进行全面推进。同时，教育局在制度建设、政策倾斜、经费支持上对课改活动给予了大力支持。

在区内组建"幸福课堂"校际联盟的目标主要是：通过教学方式的改进，培养学生的自主学习意识，掌握自主学习方法，提高自主学习能力。通过实施高效教学，以学定教，促进教学方式、学习方式、管理方式、评价方式的根本转变，实现课堂教学方式最优化和教学效率最大化，打造区域性"幸福课堂"教学新模式。而所谓的幸福课堂，主要是以 NUMAP 五步教学法为教学模式的课堂。NUMAP 五步教学法旨在构建对话式预习（N）、合作式探究（U）、掌握式展示（M）、活动式运用（A）、熟练式检测（P）五大步骤的课堂教学模式，旨在让学生"爱学、会学、学会"。幸福课堂鼓励学生自主学习为主，尝试自己解决问题，学生主动自觉并高效执行前测（pretest）—探究（probe）—展示（presentation）—练习（practice）—后测（posttest）五个环节，同时，精通课前预习（preview）和课后改进（provement）两个环节；而对于较难的问题，还要学会与人合作；幸福课堂还体现在让学生获得高分高能，不仅能考出好成绩，还能具有创造性解决问题的能力，让学生在学业成就感中体验学习的幸福。

5. 实施"六大项目"，解决鄞州教育热点和难点问题

针对鄞州教育改革发展热点和难点问题，专家组与教育局领导共同探讨，明确了当前鄞州教育发展中亟待解决的六大问题，分别为："职业教育专业设置""学前师资培训""现代教师和校长评价指标体系""名校长成长""高中课改""拔尖学生培养"，基于六大难点和热点问题，形成六大项目。

围绕六大项目，建立了组织结构，落实了六个项目的承担单位，明确了相应工作机制。各项目责任单位组建项目学校工作小组，初步制订了调研方案，设计了调查问卷、访谈提纲。与此同时，专家组积极开展科研引

领和学术指导，对各个项目责任单位进行调研和指导，对项目的研究思路、概念界定、调查问卷、访谈提纲设计等具体工作进行了全方位指导。

6. 启动"百千万工程"，让幸福教育普惠全民

2012 年，鄞州实验区专家组提出启动幸福教育"百千万工程"的工作思路，即将上百名骨干校长、上千名骨干教师、数万名学生和家长真正投入到幸福教育事业中来，成为幸福教育实际的促进力量，将幸福教育规模化、群众化。为此，专家组和教育局具体开展了以下工作：①重宣传，营造共同幸福的氛围。教师节前夕，中国教科院专家组和鄞州教育局面向鄞州区全体教师联名发表了《幸福教育，先让教师幸福起来》的公开信，发出了"共同发展、共创幸福、共享幸福"，做幸福教师的号召，拉开了鄞州实验区幸福教育"百千万工程"的序幕。②强科研，推动名校名师培养。专家组指导开展了"名校长成长""学前教育师资培训""现代教师和校长评价指标体系"等项目，旨在为全区校长、教师营造更好的成长渠道和发展空间。同时，专家组多次深入学校、深入课堂指导。③建平台，实现家校共同幸福。为了促使幸福教育信息化便捷化，专家组通过建立"百千万工程"QQ 群，为广大的校长、教师、家长搭建一个咨询交流、信息互享的网络平台。

第四章

教育综合改革实验区的成绩与成效

几年来，经过院区共同努力，中国教科院教育综合改革实验区建设取得了显著成效，概括起来主要体现在以下几个方面：区域内教育诸方面的提升、区域间联动发展的实践探索、围绕区域教育的研究深化和教育综合改革实验平台的建立与完善等。

一、促进区域内教育发展水平提升

几年来，在各区区委、区政府的有力领导下，在各区教育行政部门的精心培育下，在广大校长和教师的积极参与和努力下，教育综合改革实验区工作不断取得新进展，实验区整体水平不断提升，积累了越来越多的成功经验，强化了已有的特色和优势。

（一）加快教育理念更新

教育理念是教育主体对教育及其现象进行理性认识的成果，是人们关于什么是好的教育的理论构想和价值取向。教育理念源于对教育现实的思考，又高于教育现实的简单总结。教育理念中包含着教育思想、教育观念、教育主张、教育认识、教育理性、教育信念等诸多成分，对教育实践具有重要的引导和定向意义。因此，教育理念的先进性对于教育实践至关重要。教育理念是否先进直接影响着一个区域教育发展的方向和可能达到的层次，将在教育宗旨、教育使命、教育目的、教育理想、教育目标、教育要求、教育原则等诸多方面影响着教育教学的全过程。实验区建设中首先要确立先进的教育理念，对整体推进全区教育综合改革进行导向指引。

不同区域教育理念的确立都基于各自不同的教育发展背景和社会教育要求。比如，下城实验区教育生态理论的确立是基于本区多年来实践探索的经验与中国教科院专家组智慧的结合。教育生态理论，确立了下城教育的核心价值观，形成了下城教育的科学发展观，在全国率先形成区域教育生态理论体系：核心理念是生命观；核心目标是高位均衡、轻负高质；核心内涵是教育公平；核心特征是多样性、协同性、自主性。2008年5月召开的全国首届区域教育生态理论研讨会上，正式将教育生态理论本土性地概括为"区域教育生态理论"，开始从"区域"本土的视角自主解释和发展教育生态理论。此时，下城区域教育现代化开始显现出强劲的发展态势，并且初步形成了以"教育生态"为文化识别的发展特质。2009年11月15日，中国教科院下城教育生态研究中心正式成立，致力于区域教育生态理论的学术研究和传播，志在全面提炼、升华区域教育生态理论，相关研究与实践逐步成为下城区域教育现代化发展的自觉要求。受教育生态理念自觉意识的影响，下城教育从生态系统的角度对学生、教师及学校管理等问题进行了积极的实践探索。在学校室内外场地、设施向社区开放之后，下城区陆续出台了一系列措施，旨在"拆掉围墙，回归社会"，不断深化人们的生态教育理念，优化好结构，营造好环境，配置好资源，协调好关系，让各级各类教育和谐互生，共进共长。

又如，在中国教科院驻区专家组的指导下，南山区首先制定了区域层面的教育核心理念，表述为"卓越"二字。在区域教育核心理念指导下，各学校、幼儿园纷纷根据本校、本园的特色文化，制定办学核心理念。无论是在区域层面，还是在学校层面，都以核心理念为引领，分别形成区域或学校层面的文化体系。有的学校还在办学核心理念之下，制定了系列二级理念，如规划理念、管理理念、队伍建设理念、课程理念、教学理念、德育理念、教育数字化理念、教育国际化理念、安全工作理念、后勤工作理念、评价理念等。二级理念实际上成为相关的业务工作领域的价值指引。

再如，鄞州实验区提出"幸福教育"的理念，坚持以"学生生动活泼学习，健康快乐成长"为核心，既是贯彻落实《教育规划纲要》精神，也是结合了鄞州的"幸福民生"的社会宏观背景。幸福教育是对教育人文本性的回归。在现实功利的驱动下，教育容易演变成机械的训练和枯燥的道德说教，灌输式、填鸭式教学及题海战术把学生训练成考试的机器，把教师变成燃烧殆尽的蜡烛，直接导致学生厌学、教师厌教，正是由于教育的这种异化，使原本应该成为师生愉快的"心灵之旅"的教育过程成为师生的难以煎熬之痛。幸福教育的提出，对学生生动活泼学习、健康快乐成长的关注，根本上是对人性和生命的尊重，以人为本，关注人的现实存在和终极价值，也是教育自身健康发展的理性所在。

另外，青羊实验区的智慧教育理念、金州新区实验区的文化培育理念也都成为本区教育的精神内核，在引领全区教育内涵发展中起到了领航标作用。

（二）促进教育决策科学化

确立了先进的教育理念后，依据科学发展观，制定全面体现先进理念的区域教育规划是推进教育综合改革必不可少的环节。有了科学可行的教育规划才能让全区上下心中有数，脚下有步，执行有方，督导有据。当前，实验区规划根据制定的阶段和教育需求的不同大体分为三大类型。

第一类规划属于阶段性工作推进计划，针对性强，操作性强，比如，下城实验区制定了《推进教育综合改革三年行动计划（2010—2013）》。为推动教育综合改革各项工作健康、快速、有序开展，中国教科院驻区专家组与教育局密切合作，制定了2010—2013年推进行动计划。该计划的指导思想是：围绕下城区委区政府打造"全国一流的现代化和谐城区"和"繁华时尚之区"的奋斗目标，坚持以科学发展观为统领，以《教育规划纲要》《下城区教育事业"十二五"发展规划（2011—2015）》为导向，深入推进区域教育生态理论研究与实践，继续深化"高位均衡、轻负高质"特色发展模式，着力构建"高位高尚教育"，打造中国特色区域教育现代化样本，为下城经济、社会事业发展服务。计划坚持"以生态发展为根本，以高位均衡为目标，以轻负高质为核心，以理论探索为先导，以改革创新为动力，以区际联动为依托"的工作方针，以"科学规划、项目推动、特色实验、成果创新、模式提炼"为基本思路，组织开展"教育理论创新""教育综合改革""教育学术之区""人力资源优化""轻负高质提升""教育交流合作"六大系列教育改革特色实验项目，努力实现下城教育优质公平发展的新突破，并从组织领导、实验机制和改革试点等方面制定了全面的保障措施。

第二类规划属于覆盖实验区建设全过程的五年规划，步骤性明显，与"十二五"规划结合紧密，比如鄞州实验区制定的近中长期实验区发展规划（2011—2015）和南山实验区制定的南山教育"十二五"发展规划。鄞州实验区成立伊始，便通过中国教科院专家面对面的引领，全面解读国家《教育规划纲要》，在总结鄞州教育"十一五"发展成就的同时，进一步明确鄞州教育"十二五"发展方向，探索形成"鄞州模式"区域教育发展理论体系，并以此为引领，探索区域教育现代化规律。

而南山实验区为了推动区域教育事业有计划地健康发展，与区域经济和社会发展有机协调，更好地服务于南山区建设"三区一高地"的要求，根据南山区委、区人民政府的要求，从2009年开始，组织力量研制南山区"十二五"教育发展规划。规划编制的指导思想是：以邓小平理论和"三个代表"重要思想为指导，以办人民满意教育为宗旨，全面贯彻科学发展观的要求，按照南山区"十二五"发展规划编制方案的总体部署，认真贯彻落实国家《教育规划纲要》的要求，以改革创新为动力，以整体推进素质教育为目的，以教育国际化为抓手，以发展性评价改革为突破口，以教师队伍建设为着力点，全面提高南山教育的软实力和品牌影响力。

第三类规划属于统领全区教育发展的十年规划，更加宏观，更加长远。比如，青羊实验区制定的《成都市青羊区中长期教育改革与发展规划

（2010—2020 年）》。青羊实验区坚持规划先行，通过顶层设计科学谋划区域教育发展。《青羊教育规划》的研制工作，是中国教科院青羊实验区成立后启动的第一个重大项目，意义深远。制定并实施《青羊教育规划》，是贯彻国家、四川省、成都市中长期教育改革和发展规划纲要精神的需要，是加强中国教科院青羊教育综合改革实验区建设的需要，也是青羊加快教育发展、稳定推进教育改革的需要。

（三）夯实教育改革发展的制度基础

资源犹如蛋白质，制度就是 DNA，它保证区域教育的正确发展走向。加强制度研究，创新制度设计，积极探索科学的教育管理机制，是深化教育综合改革的必然要求。

成立实验区以来，各区在教育制度建设方面都做出了积极探索，讲规则，重创新，确保机制通畅、保障有力。总体而言，实验区的教育制度包括宏观、中观和微观三个层面。

宏观层面的制度设计主要是指教育局层面关于政府职能转变的相关制度建设。例如，下城实验区积极适应社会转型发展对区域教育管理的要求，抛弃"政府本位、官本位"的管制理念，真正确立公民本位的理念，努力向现代公共服务型教育行政转型。下城实验区将进修学校、教研室等9 个单位的行政职能剥离，整合组建成教育研究发展中心、社区教育中心、教育后勤服务中心、教育技术中心和会计核算中心；以中介、服务功能替代原来的行政职能，实现从"管理—指导"型向"指导—服务"型的转变，从根本上确保教育服务落到实处。同时，下城区首创督评"一室两中心"的组织架构，在区督导室框架下，成立了学前教育督导评估中心、社区教育督导评估中心。同时，下城区还成立了全国首家区级教育质量监测中心，构建教育质量监测体系，引领教育科学发展。

中观层面的制度设计主要是指现代学校制度建设。下城实验区、青羊实验区和南山实验区都在学校依法办学、规范办学、制定学校章程、设立家长委员会等现代学校制度建设方面做出了很好的探索，承接了不同层次的课题研究和示范区建设。早在 2003 年，青羊区就开始了现代学校制度的研究，近几年来，青羊实验区在原有研究的基础上，大力推进学校管理委员会制度建设。南山区是我国第一批"国家现代学校制度实验区"，在区域层面和学校层面的教育制度建设方面，都居于国内领先地位。南山区在政府向学校放权、推进学校自主管理，教育行政部门服务承诺，学校与社区互动及家长委员会、家长学校建设，学校领导班子向教职工放权，优化学校内部治理结构，校务公开，教职工专业化发展，专家型校长培养，优秀教研员队伍建设，学校课程体系建设，课堂教学改革，学生社团建设和管理，教育国际化推进，教育数字化建设和发展性评价体系建设等方面，都推出了许多创新性的制度，取得了较大的成绩。上述制度建设，有力地保障了教育改革与发展的顺利进行。

微观层面的制度设计主要是指课堂、科研、教师专业成长等方面的制度建设。比如，青羊实验区自建立以来，紧紧围绕着教师队伍建设、现代课堂建设等区域教育发展的重大任务，采取多种举措，实现实验区建设的创新发展。青羊实验区通过制定《青羊区教师发展标准》等措施，探索科学高效、独具青羊特色的教育人才队伍建设之路，为青羊全区基础教育改革与发展提供了有力的人才支撑，为大力实施教育现代化奠定了坚实的人才基础，为实现教育的高位均衡发展提供了坚实的人才保障；青羊的课程改革走上了探索"现代课堂"之路，构建现代课堂成为青羊区推进基础教育课程改革的核心工作。金州新区实验区则在文化课堂制度建设、教师小课题研究制度建设等方面做出了有益的尝试。

（四）深化教育综合改革

院区携手共建为实验区整体推进教育改革注入了一剂强心针。通过实验区建设，各区的教育改革改革思路更加清晰，改革措施更加系统，改革力度更加有力，改革速度大大加快。

下城区把教育均衡发展作为改革的重点来抓，采取了一系列改革举措：一是办学集团化，通过"嫁接办学—链式发展""联盟办学—块式发展""移植办学—点式发展"及"城乡互助—联动发展"等模式予以实现。二是品牌特色化，在推进教育均衡的进程中，并不要求学校发展的模式化和同质化，追求表面上所谓的均衡，而是引导和鼓励学校积极发展富有个性的学校文化，培育学校的办学特色。三是教育全纳化，维护弱势群体受教育权益，为他们提供优质教育服务。四是名师成长梯级化。五是全员小班化，目前，小班化教育快速推进，小学小班率为81.49%，初中小班率为64.6%，为推进区域教育优质均衡发展，保障教育公平奠定了良好的基础。

青羊实验区坚持育人为本、德育为先，以课堂教学为主线，以综合实践活动为基础，把落实"健康第一"作为素质教育的重要抓手，在加强德育工作的同时注重提高学生的独立思考能力、创新能力和实践能力，在加强知识教育的同时注重提高学生的心理、生理、价值观、民族精神等综合素养，努力实现学生主动地、生动活泼地健康成长，教育整体水平得到度幅度提升。主要表现在以下几方面。

一是大力实施"2+1+1"计划，努力让在青羊就读的每一位学生发展两门体育特长，具备一项艺术才能，掌握一种生活技能。全区学生广泛参与到体育、科技、艺术、生活技能的学习活动中，综合素质得到进一步提升。二是打造"社会大课堂"品牌，通过医教、警教等12个部门的联合，营造全社会关心未成年人思想道德教育的良好氛围，加强特色基地建设，利用科研院所、企业、公园等特色基地，开展公益服务、素质拓展等活动，青羊区成为全省唯一"青少年普法教育实验基地"。三是主题活动开展丰富。开展"廉政文化进校园""雷锋精神伴成长""做可爱青羊人，绘成都新画卷"等主题实践活动，通过"展、读、讲、诵、写、唱、行"等多种形式，有效促进未成年人核心价值观的形成，得到省委宣传部等上级部门的充分肯定。四是队伍建设推进有力。成立了德育研究中心组，顺利完成全区所有1431名班主任培训暨"成都市学校心理辅导员"C级资格培训工作，超前完成了市教育局关于"2015年前班主任教师必须经过C证培训并取得资格证书"的工作目标。

金州新区实验区对教育发展经费投入不断加大，教育发展目标明确更加明确。教育财政拨款的增长一直高于财政经常性收入的增长。近三年，生均教育费用和生均公用经费连年增加，增幅较大。金州区的教师工资连年大幅增加，并按时足额发放。建立健全教育投入保障机制，2011 年财政教育支出占公共财政支出的比例达到了 11.6%。同时，严格按照国家、省市有关规定，足额征收教育费附加和地方教育附加。从 2012 年开始，在保证教师工资、校舍建设等经费正常支出的基础上，将连续三年以每年净增加 1 亿元的教育投入，以创设优美的校园环境。金州新区提出，经过 2—3 年努力，确保金州新区进入全省乃至全国一流教育水平地区，努力构建广大人民群众和外来投资者满意的教育环境，使金州新区的教育成为一道美丽的风景线，一张清新亮丽的名片，力争到 2015 年全面实现区域教育均衡化、国际化、特色化，基本建成"国内一流、国际知名"的现代化教育强区。

南山实验区采取了系统改革措施，全方位推进区域教育的发展。①在德育方面，强化以德树人，提升公民素养，通过优化德育内容、创新德育方法、完善综合评价、强化家庭教育等途径加以实现。②在学前教育方面，强化政府主导、适当利用市场机制、创新办园体制、提升保育质量，实现了学前教育的跨越式发展。③在义务教育方面，通过调高均衡标准、实施"减负"承诺、优化课程体系、促进个性充分发展、加强特殊教育等途径，促进了高位均衡，保障了教育公平。④在普通高中教育方面，通过优化办学条件、扶植特色建设、稳定高考升学率、创新培养方式特别是对学优生的培养方式、扩大开放融通等途径，推动了特色发展。⑤在队伍建设方面，通过加强师德建设、优化队伍结构、强化教育公务员队伍服务意识、培养专家型教研员队伍、实施教育家计划、建设名校长工作室、培养新型名师、优化人才引进绿色通道等途径，强化了专业发展，构筑了人才高地。⑥在教育科研方面，通过申请多级多类课题、建立小课题制度、创新科研范式、开展重点公关、健全科研激励机制、与中国教育科学研究院等研究单位建立合作机制、建立项目委托研究机制等途径，升华了区域和学校层面的教育科研，达到了课题引领变革、研究推动创新的目的。⑦在推进教育国际化方面，通过强化深港合作项目、引进优质海外人力和课程资源、增加姐妹学校、推进项目双向交流、尝试国际认证、建设校内国际化学习小环境、开办海内外校长论坛等途径，达到了整合国际教育资源、深化国际合作的目的，提升了教育国际化程度。

鄞州实验区在改革理念上，于2011年5月提出"先让学校幸福起来"的区域教育战略定位，以"打造全国城市化进程中区域教育新样板"为目标，得到了专家学者和当地教育界的充分肯定，并与2011年9月教育部"开学第一课"的幸福主题相吻合。在发展规划上，制定了《鄞州实验区教育综合改革近中长期规划（2011—2015）》，确立了以幸福为目标，以五大科研攻坚课题为引领，以四个序列梯队为骨干，以十类示范基地为先导，以"一年树点、三年推广、五年普及"为步骤的战略规划。规划的制定，为鄞州实验区的改革指明了方向，初显了让学校先幸福起来的"鄞州教育模式"新航向、新思维、新架构、新蓝图。在贯彻实施上，根据鄞州教育现有基础和未来发展任务，在实验区规划的基础上，聚焦核心任务，设计了《鄞州幸福教育品牌创建战略规划蓝图》，分主题、主线、主导、核心内容、战略步骤和最终目标六大部分及目标、路径、重点、难点、实施抓手五个方面进行具体设计。

（五）全面提升教育质量

提升教育质量是一切教育改革的终极目标。几年来，实验区建设取得了长足的进步，对于教育质量的提升作用逐步显现。

1. 下城实验区

下城实验区在区域教育均衡发展的基础上狠抓教育质量的提升，不仅重视质量监测保障体系建设，还关注生态课堂建构、教师专业发展和学校优质发展等。

2012年4月17日，下城区承办了杭州市中小学"轻负高质"联系校第二次现场会，下城区很多学校都谈了本校在减轻学生课业负担、提高教育质量过程中的很好的经验和做法。《杭州日报》4月18日以《"轻负高质"如何落实 来听听四所学校的经验》为题，对安吉路实验学校、长江实验小学、启正中学及长青小学给予了报道。均衡发展基础上的教育质量的提升在一定意义上说就是要努力办让人民满意的教育，也就是好的教育。与此同时，《杭州日报》又以《"好的教育"一定是负担轻质量好的教育》为题对下城区教育局局长黄伟进行了采访。

教育质量提升需要各种因素的共同渗透、需要各方面的共同努力，下城实验区在合力兴教的力量推动下，蓄积多年的努力与坚持，一路锐意发展，区域教育教学质量名列全市前茅，德育、体育、科技、艺术教育工作成绩显著，许多工作走在省市乃至全国前列。在 2010 年杭州市人民满意学校评比中，全区 32 所中小学的平均满意度高达 97.47%；在 2011 年杭州市人民满意学校评比中，全区 32 所中小学的平均满意度高达 98.26%；在下城区行风评议中，区教育局排名第四，被评为下城区行风建设先进单位；在杭州市 2011 年初中毕业生学业水平抽测中，下城区位居全市第一。受教育者得到全面而有个性的发展，社会弱势群体中适龄儿童受到充分关注和保护，家长、社会对教育的满意度逐年提高。教育质量已成为下城区域整体发展中的满意因子，下城教育也逐渐成为下城区域发展中的一张"金名片"。

2. 青羊实验区

青羊区委、区政府把教育事业看作最重要的惠民工程，稳步推进基础教育，基础教育继续领跑全市的前列。在青羊学校基本实现硬件均衡的基础上，从 2006 年起，青羊实验区以"一校一品、一校一景"和"填谷扬峰"为基本策略，总结出"二个满覆盖"经验，以实现区域教育高质量均衡作为目标，从机制上予以改革创新，2008 年，青羊区作为全国四个实验区之一，承担了教育部基础教育司综合配套改革的实验课题——"填谷扬峰"促区域教育高质量均衡的机制研究，取得了较为显著的成效。

青羊实验区通过构建"低负优质"的现代课堂，倡导"少教多学""精讲多练""从做中学"的理念，锻炼学生的创新能力、实践能力和领导能力，义务教育的教学质量在全市保持领先。2009 年至 2011 年，全区初中毕业生升入高中阶段比例为 100%，达到 98% 的工作目标；高等教育毛入学率（高中阶段升学率）为 99%，大大超过 45% 的目标；普通高中教育教学质量逐年稳步提升，学校办学水平不断提升，连续三年受到市教育局的表彰奖励。

青羊实验区在办好义务教育和普通高中的同时，加强学前教育、职业教育和社区教育工作，实现"五教"统筹、协调发展。在学前教育方面，教育、卫生、妇联、计生等相关部门形成合力构建起了早期教育管理体系。0—3岁早期教育实验处于全国领先水平，3—6岁的学前教育科研处于全市全省前列。目前正进行幼儿园和早期教育满覆盖的试点工作。职业教育方面，在全区土地指标非常紧张的情况下，区委、区政府仍在清水河边拿出近168亩土地，全力打造西部职业教育中心。在社区教育方面，区政府专门列编成立了社区教育办公室，每年单列社区教育经费50万元，并为每个街道配备了社教专干，逐步建立健全了"天网""地网""人网"三网合一的社区教育网络，社区教育工作在全国很有影响，被教育部评为"全国社区教育示范区"。

青羊实验区对"城乡统筹"和"质量领先"的执着追求，产生了良好的社会反响，引起了众多媒体的关注。《人民日报》、《中国教育报》、《中国青年报》、《光明日报》、中国教育电视台等多家媒体争相报道。

3. 金州新区实验区

金州新区实验区，三年来以"多元开放、国际融合"为理念导引，以"促进均衡、优质发展"为战略目标，以"文化培育、内涵突破"为实践主题，以"科研引领、改革创新"为实践动力，重点在区域教育文化建设、队伍建设、课程建设和制度建设尤其是教育国际化推进等方面开展改革实验，力图通过区域教育文化的培育、教师队伍素质的提升、课程教学的有效实施、教育国际化的高标推进以及教师队伍管理制度和教科研活动机制的创新，促进区域教育内涵发展，均衡发展和优质发展。其中，驻区专家组高端引领和全程指导的全域推进现代学校文化建设、"文化课堂"实践探索、特色校本课程系统开发、课例创新研究等几项工作，饱含了驻区专家组的心血和智慧，并取得了具有一定影响力的创新成果。尤其是金州新区坚持"文化理解、文化自觉、文化自新、文化自强"的宗旨，采取"以交流促了解，以了解谋合作，以合作促融合，以融合达共生"的战略思路，多渠道开展教育国际化探索，已形成独特优势。

4. 南山实验区

南山实验区创新办学体制，深化课程改革，构筑人才高地，促进国际交流，破解发展难题，齐心聚力，取得了卓越的教育成就：基本实现了从规模扩张到内涵发展的战略转型，基本满足了市民"有学上"继而"上好学"的需求，创造了教育发展的"深圳速度"，打造了教育的"深圳质量"，走出了一条具有南山特色的素质教育之路。南山区获得了多个荣誉称号，如广东省第一个教育强区、全国首批课程改革实验区、广东省第一个推进教育现代化先进区、全国推进义务教育均衡发展先进地区、全国阳光体育先进区、全国社区教育示范区、全国未成年人思想道德教育实验区、全国环境教育实验区等。教育现代化水平位居全省乃至全国前列。在培养创新人才、提高市民素质、优化投资环境、服务经济发展、促进社会和谐等方面，"南山教育"都发挥了不可替代的作用，做出了重大贡献。

5. 鄞州实验区

鄞州实验区按照《规划》和《蓝图》的部署，实施"一年树点、三年推广、五年普及"三步走的战略。目前，"一年树点"工作已经完成，幸福教育十大基地学校已经建立。在鄞州实验区专家组的指导下，十大基地学校取得了巨大的成绩。比如，以云龙中学为龙头的"高效课堂"教学模式改革取得初步成效，学校课堂发生了深刻、喜人的变化；东南小学为代表的"幸福校园"全面启动，社团活动精彩纷呈，东钱湖旅游学校2011年和2012年先后被评为宁波市特色专业学校和国家重点职业学校；高桥镇中心小学 Mild 快乐学习训练营进展顺利；章水镇中心小学小班化教学在北京向全国介绍经验并获好评；盛世幼儿园实现多元化发展；鄞州中学2012年高考高考一本率提升4%。

鄞州实验区通过"幸福教育"十大基地建设，辐射全区，带动了全区教育质量的提升。2012年，鄞州区实验区积极稳妥实施普通高中课程改革，大力推进"幸福课堂"校际联盟建设，不断加快教育开放步伐。在职业教育方面，通过异地新建、就地改造等途径，对全区中职学校办学条件进行新一轮优化升级，不断完善职业教育人才培养体系。2012年6月在天津举行的全国职业院校技能大赛天津主赛区比赛中，鄞州参赛选手再创辉煌，获10个一等奖、17个二等奖和4个三等奖，此项成绩在全国同类区县排名第一。

二、实现区际联动发展

实验区内部区际联动发展机制主要是指中国教科院所建立的几个实验区之间的联动发展机制。它是根据实验区建设需要，充分利用中国教科院搭建的平台，为加强实验区之间的区际联动、交流和分享区域推进教育现代化方面的改革经验而开展的实验区之间的学习、交流活动。近年来，区际联动发展的形式日趋多样，影响越来越广泛，对实验区建设所起的作用越来越大。

（一）区际联动的基本形式

1. 为实验区整体发展搭建决策平台

从 2009 年开始，为深入探索实验区教育综合改革的模式，加强不同区域之间的学习和交流，中国教科院建立了每年一次的实验区联席会议制度。从 2009 年的杭州下城联席会议到 2010 年的成都青羊联席会议，到 2011 年大连金州新区联席会议，再到 2012 年的北京联席会议，每届实验区联席会都极大地促进了实验区之间的整体联动。在实验区联席会议上，各个实验区的领导和专家分别汇报了区域推进教育综合改革策略和成效，并就共同关心的问题进行充分的交流。中国教科院的领导和专家也极为重视实验区联席会议，充分利用每次会议帮助各个实验区准确把握区域教育综合改革的重点和难点问题，并通过专业的视角加强对实验区工作的科研引领。思想的碰撞和观念的交流有效地促进了区域教育综合改革，改革创新的联盟和网络也为各个实验区解决区域教育发展过程中的问题提供了支持。特别是 2012 年北京联席会议吸引了全国二十多个地市、区县教育行政部门负责人列席参会，《人民日报》、《光明日报》、中国教育电视台等媒体记者到会采访。

2. 为课堂教学改革搭建交流展示平台

课堂是实施素质教育的主战场，提升教学质量是素质教育的不懈追求。为深入贯彻落实《教育规划纲要》要求，把提高质量作为教育改革发展的核心任务，中国教科院从 2012 年起主办实验区高质量课堂展示活动。青羊实验区、下城实验区先后承办。各个实验区的教师代表同台竞技，相互交流，各个实验区的教研员代表针对每节公开课及时点评，正确引导。实验区广大中小学教师积极参与听课、评课和议课，交流和分享兄弟实验区教师和教研员的课堂教学理念和做法，极大地促进了实验区课堂教学改革进展。

3. 为教育人才队伍搭建成长平台

实验区的建立，也为各区教育人才队伍的成长和发展搭建了一个良好的平台。2009 年以来，青羊区充分利用中国教科院提供的平台，选派多名中小学校长和教师赴杭州下城区挂职锻炼，深入学习杭州下城区在推进教育现代化方面的经验和做法，深刻转变自身的教育观念，推动青羊区中小学课堂教学和学校管理的变革。2010 年 6 月，下城实验区隆重举行了"中国教科院教育综合改革实验区人力资源成长工程区际联动（杭州下城—深圳南山）启动仪式"，形成了"资源共享、形成机制、区际联动、整体发展"的实验区工作机制，设立了区际教科研共同体、区际校长和教师交流、区际教师教学能力提升三大联动项目。通过区际联动、学习交流，双方开阔了视野，创新了教师队伍的培训模式，推动了区域教育变革，推动了各实验区之间的广泛合作与分享，有力地推进了实验区教育事业的快速发展。

4. 为实验区特色发展搭建沟通交流平台

在诸如下城实验区每年一度的中国杭州国际教育创新大会（文晖论坛）、南山实验区的"中外卓越校长南山对话"研讨会、金州新区实验区的教育育内涵发展与质量提升年——教育综合改革实验区名校长特邀论坛等各具特色的高规格教育研讨活动中，各实验区资源共享、积极参与、建言献策、互动热烈。另外，还有中国教科院组织的培训、交流等活动，都为各实验区提供了沟通交流的平台。

（二）区际联动对实验区建设的推动作用

区际联动是中国教科院教育综合改革实验区工作的一项创新。通过区际联动，各实验区加强了联系，互通了有无，共商了大事，在教育事业发展的道路上相互借鉴、相互促进，极大地推动了区域教育事业的内涵发展，为国家基础教育改革与发展提供了颇有价值的参考。

1. 通过比较明确了区域特点、发展优势

各实验区在教育事业上有着不同的发展思路和成就，通过区际联动，在比较的基础上，各实验区得以更加系统、全面地总结本区教育事业发展的成就，明确自身教育事业发展情况，进一步梳理工作思路，确定下一阶段的努力方向。在相互交流中，下城实验区感到了共鸣，吸收了丰富的发展经验，更加坚定了着力构建"高位高尚教育"，打造中国特色区域教育现代化样本，为下城经济、社会事业发展服务的目标。青羊实验区围绕区域推进教育现代化进程中的重大项目，在人才队伍建设、教育国际化和区域教育现代化发展经验方面加强了与兄弟实验区的双边互动，深化了区际联动机制。金州新区实验区从课堂教学改革、师资培训、校本研修、校园文化等方面全面吸收了各兄弟实验区的优点和长处，全面改革更加从容。南山实验区进一步明确了"追求卓越、打造一流"的发展目标，在课程改革、教育信息化和国际化人才三个制高点上取得了令人瞩目的成绩，成为区域教育现代化发展的改革先锋。鄞州实验区更加坚定了办幸福教育的信念。

2. 通过合作实现了优势互补、资源共享

区际联动有力地推进了各实验区的工作交流与合作，为实现实验区之间优势互补、资源共享奠定了良好的基础。下城实验区与金州新区、青羊、南山等实验区在教育人力资源成长工程和科研管理方面互动频繁，效果良好。南山实验区在"追求卓越、打造一流"的教育事业发展道路上，金州新区实验区在文化课堂建设上，鄞州实验区在幸福课堂建设上，借助区际联动这一优势平台，学习和借鉴了兄弟实验区的有效做法，取得了可喜的成效。

3. 通过联动促进了整体提升、特色发展

区际联动促进了所有实验区的整体提升、特色发展。通过区际联动，各实验区在教育理念上发生了碰撞，在教育管理上互相借鉴了机制和办法，在课堂教学上达成了共识，在教育队伍建设上形成了互动，在教育资源上形成了整合，教育事业特色发展的局面已经初步形成。

三、深化区域教育研究

科研引领是推进实验区教育改革的重要形式，科研引领逐步提升了实验区科研创新能力及其学术研究水平，也进一步体现了"科研兴教""科研兴校"以及科研引领对"好的教育"推动的实践价值。各实验区在教育综合改革实验区的建设过程中，充分发挥中国教科院驻区专家组的作用，在繁荣区域教育理论研究和深化区域教育科研的实践探索方面取得了突出成绩。

（一）下城实验区："教育学术之区"构建成效斐然

下城实验区"教育学术之区"建设三年多来，绩效显著，促进了下城教育向优质化方向发展，进一步推动了"好的教育"的深入发展。

1. 区域理论日趋成熟，有效指导教育实践

下城本土生发的区域教育生态理论，已基本成型、成熟并生根、开花，对下城教育的支撑、统领、指导作用不断加强，在国际、国内的教育影响力和辐射力日渐扩大。中国教科院专门成立了"下城教育生态研究中心"，浙江大学教育学院也成立了"教育生态研究所"。建构了以"区域教育生态理论"为核心的价值体系，基本完成了下城教育的顶层设计，形成了"好的教育"理念。具有下城特质的教育生态文化正在蓬勃发育，成为下城教育的文化软实力和核心竞争力，为下城教育的科学、可持续发展，打下了坚实的基础。

2. 教师观念不断更新，教育创新能力增强

在"教育学术之区"影响下，以"学术强教""学术强校"为载体，积极倡导广大教师关注课堂教学，关注学生成长，鼓励全体教师参与教科研工作，以研究解决教育教学实际问题。全体干部教师观念快速更新，建构了"学习即研究""问题即课题"的教育思维方式和行为模式，区域教育由借势、借智、借力转向生势、生智、生力的内生发展，焕发出强大创新力和创造力，教育特色品牌不断创生，区域教育和校（园）个性彰显。

通过"教育学术之区"建设、学术校园建设，教师将教育学术研究融入日常学习和教学中，通过加强学习型组织建设，倡导教师关注课堂教学，广泛开展校本研训活动和草根课题研究，把学术研究当作工作的重要内容，把学习当作教育生活的重要方式，养成了教育学术的思维，教师以研究者的姿态投身于教育教学，悟到了专业生涯的价值。

3. 学术成果更加丰富，教育学术影响深远

确立了学术研究"顶天立地"的实践策略，呈现出"国际视野、本土行动、草根研究"的科研特点，形成了以国家级课题为引领，以草根研究为基础，课题层级分布科学合理，课题内容涵盖全面丰富，课题成果转化快速有效的良好态势。学术资源积累丰厚，大批专家、学者为下城发展提供智力支持。

通过开展国家级课题"以教育生态理论促进区域教育现代化的实践研究"的研究，集合集体智慧，经过长期提炼，形成了区域教育生态理论这一重大成果，确立了核心价值观。将研究与工作相结合，推进区域教育生态理论研究向纵深发展，形成成果《好的教育》，并有多项课题研究成果获国家和省市级奖励，多篇学术论文在各级各类杂志上发表，多本专著结集出版。下城教育的学术影响力日渐深远。

4. 学术平台更加广泛，课题研究深入开展

为推进教育学术之区建设，下城区一直进行科研创新，搭建多种平台，推进教育教学研究。目前，除了常规的教科规划课题外，还推出草根研究专项课题、面向一线教师的教育学术大讲堂、高水平的国际教育创新大会等项目，调动了教师的积极性，使教师的科研意识得以加强、科研能

力得以提高。

具体而言，草根研究专项课题等面向一线教师，引领教师关注教学实践，以其研究切口小、操作性强等优势受到了教师们的欢迎。积极创新教育学术大讲堂，不仅有课题的论证和研讨，还有师生教学的研究与展示，充分体现了教师科研思想和成果，已经成为下城教科研的品牌。每年举办的"生态课堂节"，以课堂教学展示、学术论坛、专题报告等多种形式，直指"轻负高质"这一主题，探讨教育的热点、难点问题，促使教师转变育人模式。每年召开主题性的中国杭州国际教育创新大会，颁发"文晖奖"，拓宽了全体教师的学术视野，提升了下城的教育知名度。

5. 优秀团队和教师不断涌现，引领作用彰显

全区中小学、幼儿园教师通过参与"教育学术之区"建设，投身教育研究，不断转变教育观念，提升专业素质，在教育教学过程中以研究解决实际问题，提升教育研究能力，在研、训、教一体化过程中加快了专业成长，形成了覆盖全区的阶梯型名师群，进一步激发了广大教职工干事创业的热情和动力，形成了教师学先进、强能力、提素质的良好氛围。

"教育学术之区"建设以来，各校（园）抓住机遇，全面谋划，从校（园）实际出发，在教育教学过程中坚持教育创新，传承发扬校园文化，开展校本研训，促进了教师的专业发展和校园影响力的扩大。各单位紧密结合实际，注重用多种形式展示学术成果，做到有主题、有特色、有亮点，将校园特色品牌与学术成果结合起来，体现研究的价值，扩大校园的影响力，促进校园新的发展。这其中，涌现了一大批有影响力的学术研究团队和个人，在科研项目、学术论文、著作及教育学术大讲堂等方面都取得了可喜的成绩。

6. 教育科研整体水平跃升

调查研究发现，随着实验区工作的不断深入推进，教育科研工作在各校（园）不断生根发展，成绩喜人，呈现出良好的发展态势。

（1）校（园）参与教育科研的意识显著增强

从课题的立项数与获奖数、论文著作的发表与获奖以及教育学术大讲堂的持续开展的统计情况看，100%的学校开展了课题研究，100%的学校

有论文公开发表，63%的学校有著作出版，80%以上的学校都开展过教育学术大讲堂活动等。

（2）科研管理更加规范科学，教育科研队伍逐渐壮大

2008年以来，制定了《下城区教育科学研究课题管理办法》《下城区教育科学研究课题申报评审办法》《下城区教育科学规划课题实施管理记载手册》《下城区教育科研基地学校管理办法》等文件。区研发中心和各校（园）对各项课题加大专题培训、年度检查力度，组织各校（园）教科室主任、课题负责人及成员、骨干教师参加课题开题论证会、课题中期阶段检查交流等，并进行参与式和互动式点评。这一系列工作不仅保证了课题的规范性实施，而且培养了校（园）课题管理型人才和科研骨干教师，使下城区的课题做得更规范、更扎实，教育科研力量不断壮大。

（3）校（园）教育科研的实践价值得到提升

2008年以来，下城区课题研究取得了丰硕成果，获得国家级科研成果奖1项，省级科研成果奖15项，市级科研成果奖48项，获奖论文和案例集3281篇，科研水平有了大幅提高。尤其在课题研究方面，下城区非常关注课题研究与教育教学实践相结合，课题研究过程中也相继产生了一些实践性的科研成果，如理论与实践相结合的学术论文、优秀的经验论文、编辑出版的校本教材等。所有课题的关注重点是为本区域或本校（园）的教育、教学和管理服务的。课题研究有针对性解决了很多区域性或校（园）发展中的实际问题，教育科研的实践价值得到提升。

（二）青羊实验区：教育现代化探索稳步前进

青羊实验区将教育现代化作为统领全局、引领发展的战略选择。实验区专家组在深入调研的基础上，充分发挥科研引领作用，引导青羊实验区逐步确立了推进区域教育现代化的"四大战略"和"九大工程"，并逐步细化区域教育现代化的实施策略和路径选择，在区域、学校和学生三个层面带来了深刻的变化。

青羊实验区成立以后，在"城乡统筹、质量领先，率先基本实现教育现代化"的战略目标下，明确了"走向何方"的问题，而接下来，摆在区

域教育综合改革者面前的便是"如何走"的问题。青羊实验区充分依靠中国教科院专家的科研引领，按照教育现代化的理念和要求，通过区域和学校层面的教育发展规划实现了区域教育发展的顶层设计，通过国家级和省市级课题的科研引导实现了区域教育的科学发展，通过实验区之间的区际联动实现了区域教育发展的经验共享，通过青羊区教育改革重大项目的有序推进实现了区域教育发展的优质均衡。青羊实验区围绕战略目标做出的战略选择，有力地推进了区域教育综合改革的深入开展。

青羊区依托中国教科院的优质资源，将教育改革发展与实验区工作整合为一，整体推进，确定了青羊教育发展的"做精、做亮、做强"的指导思想，"均衡、现代、为民"的核心理念，以及"四大战略"、"九大工程"的实施策略。

2011 年，根据《教育规划纲要》精神，并结合青羊实际情况，在中国教科院和青羊区委、区政府领导的高度重视和大力支持下，研究形成了《成都市青羊区中长期教育改革与发展规划（2010—2020 年)》，于 5 月以成青委发〔2011〕15 号文件下发，文件作为指导青羊教育改革与发展的行动指南，是统领教育工作的纲领性文件，将对青羊教育事业的科学发展起到重要的推动作用。

同时，青羊实验区于 2011 年启动了学校五年发展规划的制定和评审活动，中国教科院专家深入青羊区中小学，帮助学校深入发掘学校的文化传统，凝练学校的发展理念，设计学校的发展思路，制订学校的发展项目，并在 2011 年年底组织中国教科院专家成立学校发展规划评审委员会，全区中小学校长分别进行了学校发展规划的答辩。学校五年发展规划的制订和评审活动，使青羊区教育的顶层设计和科学谋划深入到具体的学校层面，实现了教育现代化理念在各个层面的渗透和整合。

（三）金州新区实验区：三元探索扎实深入

1. 教育国际化创新探索

金州新区立足区域发展实际，深刻理解教育国际化的意义与内涵，深入贯彻落实国家《教育规划纲要》精神，科学定位区域教育国际化发展的方向，确立了区域教育国际化发展目标：立足于培养具有民族精神和国际素养的学生；以开放的观念来汇聚国际化教育资源；坚守本根，有机融合，和谐共生。同时，确立了教育国际化发展的战略思路：以交流促了解，以了解求合作，以合作促融合，以融合达共生。其宗旨是：在交流中拓宽文化视域，在合作中促进文化自觉，在融合中达成文化自新，在共生中实现文化自强。

金州新区高度重视对教育国际化的研究工作，以课题研究为抓手，为全区教育国际化的科学决策与实践推进提供了有力的理论支撑。2006 年，成功申报了省级教育科研课题"推动基础教育国际合作交流平台建设研究"，该课题 2009 年顺利通过省教育科学规划办验收，获得辽宁省"十一五"优秀教育科研成果奖，并汇编成《大连开发区国际化教育理论与实践》一书正式出版。

近年来，区里还承担了全国教育科学"十五"重点课题"初中双语教育教学实践研究"等教育科研项目，由开发区七中申报的国家"十二五"课题"中学国际化教育实践研究"已经立项。金州新区已逐渐成为大连乃至辽宁教育国际化理论研究的引领者和排头兵。

2. 学校文化整体构建

金州新区在推进学校文化建设过程中，以"遵循本真、主体生成"为总体原则，强调突出主题、关照过程、追求和谐的实践操作原则。在整体推进区域学校文化建设实践中，强调文化建设的主体性、整体性、过程性和科学性，行政积极倡导，政策大力促进，学校全面行动，中国教科院驻区专家组在理念引领和技术路线指导等方面给予充分的智力支持，逐步形成了"理念创新、整体建构、品牌提升"的工作方针。强调各校从内涵的角度，紧紧围绕着"育人"这一核心目标，来梳理、提炼、创生、制订本校的办学理念，并形成自己的文化体系。学校特色发展过程中，强调将学校办学理念贯穿于学校的德育、教学、管理、教师队伍建设、国际化教育等诸多方面，形成有灵魂的特色，以课程为支撑，向高层次迈进。学校文化与特色建设，应系统设计、整体建构，以平台、载体、策略等为抓手，促进学校发展走自己的道路，形成各自独有的模式，并积极推进多元化课堂教学模式探索。鼓励各学校在专家组的指导下，对已有的思路、做法等进行总结梳理、提升认识，进一步提炼、拓展，形成经验。由此，形成"一校一文化""一校一特色""一校一模式""一校一经验"的良好发展态势。

在专家组的全程参与和学校自身的共同努力下，金州新区中小学学校文化建设成绩斐然，出现了一批理念鲜明、体系完整、特色突出的学校。如开发区第一高级中学在"教育至上、多元发展"理念下构建了八大类校本课程体系；开发区第七中学形成"卓越教育"体系；实验小学致力于"彰显师生生命活力的自主教育"；格林小学以格林童话为切入点打造出格林"阳光"文化；北京小学华润·海中国分校以"润"为核心着力创造学校的"润"文化。此外，东山小学的"品质东山工程"，港西小学的"艺术港西"建设，金源小学的生命成长"七色阳光"工程，童牛岭小学的"和美"文化，开发区第五中学的"幸福教育"体系，121中学的"一二一文化"，103中学的"五大课程体系"建设，都取得了较大进步，正逐步形成金州新区学校的内生发展模式。

3. 高品质文化课堂的实践

课例创新研究是金州新区教育综合改革实验区在国内率先提出的关于教师实践学习的一种新模式，在区域范围内已全面推进。课例创新，是指教师对一节具体的教学内容进行全程化的实践研究与创造。首先，教师精心选择一节具体的教学内容，对其做原生态的教学方案创新设计，然后教师根据所设计的创新教学方案开展教学实践，再对教学实践效果进行总结、分析、反思和提炼，最后提出引发的新思考和新问题。开展课例创新研究，是引导教师立足教学实践、树立科研意识、强化学习反思、凝聚教学思想、提升教学智慧的最有力的实践活动。

为使课例创新研究深入展开，专家组精心策划了实施方案，并进行了全方位跟进指导。根据专家组建议，教师小课题研究作为一项重要工作任务，也被纳入了新区基础教育2012年工作计划。小课题工作启动后，专家组首先会同教师进修学校，经过多轮研讨和论证，推出了《金州新区小课题研究工作实施指导意见》和《金州新区小课题研究课题指南》。教师小课题研究在全区中小学迅速铺开。在此基础上，专家组先后十余次深入基层学校，解读《意见》和《指南》，走进课堂观课、评课，并参与教师主题研修，为教师小课题研究工作的开展积极地提供指导、服务。为充分展示金州新区小学层面在教师小课题研究方面的阶段性成果，大范围交流与分享小课题研究经验，进一步推动小课题研究工作走向深入，2012 年 6 月 12 日，金州新区教育文化体育局在东山小学举行"金州新区小学小课题研究观摩研讨会"。目前，课例创新研究在区域内全面推进，已成为教师提升专业素养和教学能力的最有效途径。

（四）南山实验区：项目推进模式扎实有效

为了在南山实验区教育综合改革的基础上进一步提升区域教育的质量与水平，更多地培养教育改革、教育科研骨干，打造更多的面向现代化、面向世界、面向未来的名校，更加接近"中国一流、世界前沿"的发展目标，南山实验区尝试开展项目推进模式。南山实验区区域教育研究的项目推进模式是指在院区合作的大框架下，立足区域发展实际，以区域层面的教育内容为研究对象，通过双方协商确定研究内容，综合调控和优化区域资源，开展行动研究，以达成区域教育目标、促进区域教育发展的研究方式。

在区域教育研究系统中，实验区为区域政府学校、专家、社会等提供了连接纽带与实验环境。项目推进模式的实施，要注重相关主体的相互联系，宏观上采用"四轮驱动"创建策略，即"行政推动＋专家引领＋实践者对话＋骨干教师示范"一体化的综合性指导策略。"行政推动"是指教育局和学校的主要领导明确支持项目的研究，通过会议、文件等方式来推动研究；"专家引领"是指专家提供智力支持，引导项目学校和成员开展研究；"实践者对话"是指各项目学校的人员开展合作交流，共同提高；"骨干教师示范"是指发挥各项目学校骨干教师的示范推动作用，追求"示范先行、推动全面"的创建效果。

为了保障项目的顺利实施，实验区建立了下列必要的机制：第一，建立领导与责任机制。建立项目群导小组，由领导小组承担项目研究工作的整体职责。第二，建立研究助理机制。在教育系统以及学校确定若干研究助理，研究助理在直接参与核心性研究工作的同时，还要承担部分推进工作，承担与学校及区内相关单位的部分联络、协调工作等。第三，建立既分工又合作的机制。各项目相互配合、相互支撑，人员交叉，资源共享。第四，建立培训机制，提高培训效率。让同一批次的学校同一时间接受通识化的指导与培训，然后再根据各校的特点进行个性化的指导。第五，建立保障机制。包括经费保障、组织保障、后勤保障等，确保项目组有钱、有人、有条件来开展相关工作。

（五）鄞州实验区：幸福教育全方位推进

为推动鄞州教育"高位提升、惠及全民"战略目标的实现，进一步规划鄞州教育"十二五"发展方向，实验区探索形成了"鄞州模式"区域教育发展理论体系，并以此为引领，确立五大攻坚课题，开发科学的幸福教育评价体系，探索区域教育现代化规律，充分贯彻了"科研引领"的工作方针。

1. 以五大攻坚课题为抓手，贯彻"科研引领"方针

鄞州实验区以校长、教师、班主任、学生和家长为实施幸福教育的五大主体，关注校长的素质对幸福学校办学氛围的影响，教师对幸福课堂教学质量的影响，班主任对幸福班级建设的影响，学生对其幸福学业成就的影响，家长对幸福家教实施的影响，明确幸福校长办出幸福学校、幸福教师教出幸福课堂、幸福班主任带出幸福班级、幸福学生收获幸福学业、幸福家长实施幸福家教五大攻坚课题，将"科研引领"的方针贯彻到底。

2. 研制幸福课堂、幸福学校和幸福班级的基本标准与核心评价指标

根据院区领导制定的"高位提升、惠及全民"的战略目标，中国教科院专家组立足"幸福中国"大背景，率先提出了"先让学校幸福起来"的先进理念，吹响了幸福教育的冲锋号，这一理念得到了鄞州教育局和有关部门及广大校长、教师、家长的积极响应。随后，实验区制定了《规划》和《蓝图》，将"幸福教育"确立为全区教育综合改革的主题和主线，并由教育局长亲自挂帅成立了"幸福课堂校际联盟"。在此基础上，为将幸福教育工程不断推向深入，引领全国幸福教育课题发展方向，专家组成员

与"幸福学校国际联盟"核心专家一道研发了幸福课堂、幸福学校、幸福班级的标准与评价指标，为系统建构幸福教育工程提供了科学支持。

3. 利用、开发先进的科学测评软件

2011 年 12 月，鄞州教育局强力推动的"幸福课堂校际联盟"正式成立。2012 年始，联盟学校的课改全面展开。为进一步提升幸福课堂模式的科学化、精细化水平，中国教科院专家组对幸福课堂进行观察和记录，并针对师生提供的文字材料，自主研发了幸福指数透视分析系统 1.0 计算机测评模型脚本，针对师生的课堂实录，自主研发了幸福课堂行为观察分析系统 1.0，极大地提高了教育测评的科学性、真实性、完整性和智能性。

4. 开展"六大项目"实证调研研究

以"幸福教育"区域品牌设计为引领，中国教科院驻鄞州专家组分阶段、有重点地对鄞州教育当前迫切需要解决的六大问题进行指导。主要包括高中课改、学前教育师资培训、职业教育专业设置、名校长成长、现代教师和校长评价指标体系、拔尖学生培养。在各项目责任单位的前期调研下，进而通过专题研讨，形成了一些有价值的研究成果，为鄞州教育改革发展提供了理论依据。截至 2012 年 11 月，已经对职业教育系统 300 名教师、1600 名学生做了"职业教育专业设置"的调研，对学前教育 1535 名幼儿教师做了"学前教育师资培训"的调查，通过调查，都已形成阶段性成果。此外，配合幸福学区和"百千万"工程建设，2012 年 10 月至 11 月，对全区 1000 多名师生进行了调研。

专家组在不断开展理论研究的同时，还发动全区教师参与到科研中来，2011 年上半年，面向全区的"幸福征文"共征论文 2311 篇，另在专家组的指导下，全区有 10 个省级课题成功立项。

总之，教育综合改革实验区建设取得了显著的成效。首先，促进了区域内部教育发展水平提升，加快了区域教育理念更新，促进了区域教育决策科学化，夯实了区域教育改革发展的制度基础，深化了区域教育综合改革，全面提升了区域教育质量。其次，加强了区际之间的联动发展，实现了资源共享、优势互补、整体提升、特色发展。最后，深化了区域教育研究，各实验区立足本区特点，基于不同主题开展了特色区域教育研究。

第五章

教育综合改革实验区深化发展战略

中国教科院教育综合改革实验区在取得显著成绩的同时，也面临着新情况、新问题、新挑战，必须全面总结发展经验，深入推进教育综合改革实验，促进实验区的长远发展。

一、坚持教育科研兴教

（一）"科研引领"是教育综合改革实验区建设的基本方针

近年来，中国教科院教育综合改革实验区在推进区域社会经济发展的过程中，逐渐确立并凸显了教育优先发展的战略地位，采取了许多有利于教育优先发展的政策举措，其中鼓励教育工作者在教育改革发展过程中，不仅要敢为人先、大胆尝试，而且特别提倡以科学的精神和科学的态度，从教育改革实践与实验中，努力探索、掌握并应用教育规律，提高教育改革实践工作的自觉性、前瞻性与科学性。教育综合改革实验区的成立，在国内率先开启了区域（区、县）政府与国家级教育科研机构合作创办教育综合改革实验区、推进区域教育改革发展的模式，初步形成了教育改革发展依靠教育科研和教育实验，教育科研与教育实验主动、自觉为教育改革发展服务的良好氛围。

1. 一支优良的教研队伍

一支优良的区域教研队伍是区域教育科研质量与水平的决定因素，优良的区域教研队伍需要在区域教育科研的实践土壤与制度环境中成长与形成。六个教育综合改革实验区在充满活力与挑战的教育科研实践中，通过创设制度环境、搭建科研平台、专家量身指导、贴近教育一线等措施，激励一线教育工作者勇于实践、敢于创新，经过一线教育科研实践的磨砺与锻炼，一支优良的区域教研队伍已经形成并逐步成长壮大。

深圳南山实验区经过实施多年的"科研兴教"战略，已经形成了"校校有课题，人人齐参与，个个当专家"的科研气氛。通过课题引领，建立了一支教育科研骨干队伍。通过教育科研的例会制度、名师（骨干教师）的培训制度、校本研培团队（研习组）打造、四大教育类学会工作及专门的教育骨干力量培养等，整体运作，构成合力，着力打造了一支卓越的教育科研骨干队伍。并且构建了以中小学教师为主体的教育科研队伍的继续教育、终身教育体系。[①] 大连金州新区实验区通过教科研中心组的基层科研组织形式，聚合和辐射基层教育科研力量。教科研中心组的全称是教学质量提高中心指导组，是由区教育行政部门领导、业务部门组织的一个业务团体，由来自不同学校的各学科骨干教师以学科为单位组成的。每个中心组5—7人，这些人作为区专兼职研训员负责各学科教科研特别是教学质量提高工作。目前，全区共有学科中心组5个，成员150人。[②] "以人为本，人才决胜"是青羊教育抓质量、谋发展的核心理念。通过制定《人才队伍建设五年发展规划》，建立"青羊教学名师后备人才库"，选拔1000名骨干教师入库定向培养，实施"三大工程"及"珠峰、成长、磐石、源泉"四大计划，构架干部教师队伍梯队培训模式，目前青羊区拥有省级专家50人，市级名师500人，区级骨干1000人，有10余位校长获得全国教

---

① 《教育综合改革实验丛书》编委会. 追求卓越　对话世界——深圳南山教育综合改革实验模式 [M]. 北京：教育科学出版社，2012：153.

② 《教育综合改革实验丛书》编委会. 多样开放　国际融合——大连金州新区教育综合改革实验模式 [M]. 北京：教育科学出版社，2012：188.

育创新杰出校长、成都市特级校长等荣誉称号。一批立足教育一线、具有
教育科研意识、熟悉教育规律、能够开展教育科研的教育专业化队伍正在
青羊这片教育热土成长。①

2. 一批传统"科研兴教"学校

学校是区域教育社会形态的基础"细胞"，区域教育改革发展的一切
实践、真知和活力都来源于学校。学校是区域教育改革发展的主战场，而
基层学校教育科研的环境氛围、条件平台、质量水平决定着区域教育改革
发展的成败与活力。六个教育综合改革实验区在丰富多样、充满创新活力
的教育科研实践中，逐步形成了一批富有办学特色，依靠科研兴教的学
校。深圳南山实验学校南头小学部从 2000 年起开展了"小学语文提前读
写教学法——信息技术环境下提前读写的理论与实践"（"八岁能读会写"）
的研究，经过十多年的努力，实验研究取得了显著成效，实现了儿童语文
学习的重大突破，被专家誉为"小学语文课程改革里程碑式成果"。目前，
深圳南山区 15 所学校，陕西、山西、山东、甘肃、内蒙古、江苏、浙江、
广东、河南、新疆等十多个省份的 80 多所学校自愿加入该项实验研究。本
实验还被联合国儿基会纳入东西部远程协作学习项目，在西部学校大力推
广。② 大连金州新区教师进修学校的研训员采取确定研究点校、划分负责
区域、集中调研视导、专项菜单服务等方式强化研训员对校本教科研进行
专业引领，每位研训员在区域内选择一所学校作为研究点校，以此为基础
开展活动、进行教科研工作。全区 40 多位研训员确定了 40 余所学校作为
研究点校，研究点校占全区学校数的 50% 左右。③ 宁波鄞州实验区在实施
"幸福教育"实验的过程中，在对首批十个幸福学校实验基地进行重点培
育与全面指导的同时，扩充实验基地学校、试点学校以及幸福课堂校际联
盟学校。2012 年，已初步选定 10 所幸福教育试点学校，并计划在试点校

① 《教育综合改革实验丛书》编委会. 城乡统筹　质量领先——成都青羊教育综合改革实验
模式［M］. 北京：教育科学出版社，2012：158.
② 《教育综合改革实验丛书》编委会. 追求卓越　对话世界——深圳南山教育综合改革实验
模式［M］. 北京：教育科学出版社，2012：174 – 175.
③ 《教育综合改革实验丛书》编委会. 多样开放　国际融合——大连金州新区教育综合改革
实验模式［M］. 北京：教育科学出版社，2012：187.

充分发挥专家组的科研引领作用，提升幸福课堂校际联盟学校的课改方向和科学化水平。

3. 一批丰硕的科研成果

教育综合改革实验区的教改科研实践，不仅使"强教必兴科研"的思想理念更加深入人心，并且锻炼造就了一支优良的基层教育科研队伍，形成了一批"科研兴教"的学校，而且也孕育出了丰硕的科研成果。成都青羊实验区开展的"基础教育阶段现代学校制度理论与实践研究""中国公办中小学民主管理委员会建设实验研究""新课程背景下区域性教学问题解决的实践研究""城乡义务教育教师资源均衡配置的政策研究与实验""填谷扬峰促区域教育优质均衡的机制研究"等课题研究在全国产生了较大影响。2009 年，在四川省第四届教学成果评选中，青羊区获得四项一等奖，三项二等奖，一等奖比例超过全省的十分之一。① 近五年，深圳南山区共承担省部级以上课题 24 个，市级课题 77 个，区级课题 157 个，科研成果获得省级以上奖励 448 项。

(二) 强化教育科研兴教的策略

虽然教育综合改革实验区在营造教育科研的良好环境、加强教育科研队伍建设、鼓励基层学校开展特色项目等方面取得了一些初步的成效，但是教育科研的基础仍需夯实，教育科研的活力有待进一步激发，教育科研的成果需要惠及更多的人群。因此，教育科研要真正实现推动和引领区域教育改革创新发展的目标和使命，需要在教育科研制度创新、队伍建设、项目引领、成果推广等方面进一步探索前行。

1. 创新制度设计，形成教育科研的土壤与氛围

教育科研制度创新是区域教育科研的风向标和动力源。有了好的科研制度，可以升华我们对教育科研这种独特的教育社会活动规律性的认识，能够更好地保障教育科研的资金投入、资源配置、人才成长，能够更好地

---

① 《教育综合改革实验丛书》编委会. 城乡统筹 质量领先——成都青羊教育综合改革实验模式 [M]. 北京：教育科学出版社，2012：170.

激励和调动基层教育科研人员的积极性与创造性。首先，要立规建制，强化教育科研先行的意识。教育改革是极其重要而复杂的事业，涉及因素广、矛盾多、周期长、影响深，且具有不可重复性，关切老百姓的切身利益，任何一项教育改革工作的推行，都不能仅凭热情与经验，走捷径、赶速度，需要事前进行严格的科学论证和扎实的科学研究实验。其次，要将教育科研的经费投入、资源配置、机构设置、队伍建设、组织范式、激励制度、成果推广等纳入区域教育的发展规划中，从制度上规范、约束和保障区域教育科研事业的可持续发展。例如，深圳南山区政府树立现代科研理念，把走创新强区之路作为南山教育科学研究工作的立足点。2010 年 3 月，南山区政府开展了全方位的科研规划和科研行动。"科研兴区""科研兴教""科研兴校"已成为教育行政管理部门和学校的共识。同时，南山区建立了常态化的经费投入保障机制，通过政策杠杆，督促学校增大对教育科研的经费投入，近五年区政府投入 3000 多万元的教科研和师训经费。全区 3000 多名教师参与了 300 余项课题研究，研究领域覆盖了中小学所有学科及其教育教学的各个方面。此外，南山区还建立了教育科研的奖励制度，"十二五"期间进一步加大力度，从而构成一套制度体系，形成常态化的运行机制。①

2. 壮大基层队伍，拓展教育科研的深度与广度

在深化区域教育改革、推进区域教育科研的实践中，教育综合改革实验区从区教育科研院（所）、学校教育科研所（室）到学科（年级）教育科研组，逐渐成长起了一批热心教育科研、自觉依靠和应用教育科学的草根教育科研队伍，他们是区域基层教育科研的生力军和中坚力量。但是，要营造更加良好的区域教育科研环境，使教育科研在深度、广度、力度上更好地服务于区域教育现代化，必须进一步下大力气持续不断地培养和壮大基层教育科研的新生骨干力量，并且在推进教育科研发展的过程中，通过区科研院（所）—校科研所（室）、校科研所（室）—年级科研室

---

① 《教育综合改革实验丛书》编委会. 追求卓越　对话世界——深圳南山教育综合改革实验模式［M］. 北京：教育科学出版社，2012：151 – 152.

（组）、年级科研室（组）—教师及跨实验区协同联合等教育科研组织形式，采取教育科研理论专业学习、交流培训、课题参与等方式，在区域基层教育科研的主战场，在拓展教育科研的影响广度、提升教育科研应用价值的实践中不断壮大基层教育科研队伍。例如，2009 年以来，青羊区充分利用中国教科院提供的平台，选派多名中小学校长和教师赴杭州下城区挂职锻炼，深入学习杭州下城区在推进教育现代化方面的经验和做法，深刻转变自身的教育观念，推动青羊区中小学课堂教学和学校管理的变革。实验区之间的双边互动，为区域教育人才队伍建设提供了丰富的资源和有效的途径。

3. 强化项目引领，形成教育科研的特色与优势

对于实验区所在区域的教育改革实践而言，既有区域教育改革发展规划、区域教育均衡优质发展模式、区域教育现代化的评价指标体系等区域教育宏观问题的研究，也有区域学校和校长评价指标体系、区域普通高中新课改、区域学校文化建设、区域职业教育专业调整、区域名师名校长成长等中观问题的研究，还有拔尖学生培养、学生减负问题、校本教材开发等学校微观课题的研究。这些课题或者是区域教育改革发展实践中面临的重大战略、发展问题、深层矛盾，或者是基层学校教育改革亟须实现的发展目标、亟须解决的"瓶颈"问题，或者是教师个体成长、学生心理干预等应用性课题。这些课题既可按照规范经典的教育科研范式实施研究实验，也可在区域教育科研实践中创新科研实验范式，按照项目制方式推进研究，并在项目的选择、设计、立项、项目研究方向与目标界定、项目科研团队组建、项目研究工作机制等环节与过程中，强化项目引领，形成区域教育与基层学校教育科研的特色与优势。

4. 注重成果推广，促进教育科研的应用与普及

我国科研领域长期存在并亟待突破的重大发展问题是原创性、基础性的研究成果不足，缺乏重大技术发明，尤其突出的是科研成果、技术专利推广应用率低。根据世界银行的估计，中国的科技成果转化率平均为 15%。在教育科研领域，此类问题同样存在。可以设想，凝聚了基层教育科研者心血与智慧、投入了相当教育资源的科研成果如果不能转化为促进

区域教育改革发展的要素，不能创造更大的教育发展效益，就不能更好地体现教育科研服务区域教育改革发展的功能、价值。如何强化教育科研成果的示范效应和推广价值，六个教育改革实验区在实践中探索了一些值得借鉴的方法：①行政推动，建立相应的制度机制，促进教育科研成果的推广应用。②项目引领，广泛参与，在项目开展的过程中积累、拓展科研成果推广的基础与空间。③加强区际教育科研的协作与联动，促使教育科研成果在更广泛的区域推广。④推广市场化。借助市场机制和社会力量，使科研成果走向市场。教育科研成果作为一种知识产品，推广走向市场是发展的必然趋势之一。成果推广市场化的过程就是激活推广运行机制的过程，也是成果真正体现其社会价值和经济价值的过程。

二、深化课堂教学改革

（一）深化课堂教学改革的意义

在一般的社会条件和教育环境下，课堂教学始终是学校教育活动中内在的、最基本的构成。著名学者叶澜在其《新基础教育论》一书中指出："对于由课堂教学构成的课堂生活的性质与质量，直接影响学生身心发展与健康成长，决定着师生在校的基本生存状态和生命质量。对于学校而言，学校教育中培养目标的实现，不可能离开课堂教学这一基本途径，课堂教学质量是学校教育质量的重要保证。"由此可见课堂教学对于学校教育的重要性。随着课程改革步入"深水区"，课程实施中如何实现课堂教学变革成为课程改革最薄弱的环节。《教育部关于深化基础教育课程改革进一步推进素质教育的意见》（教基二〔2010〕3号）明确指出，要"把教学改革作为深化课程改革的核心环节，使新课程的理念和要求落实到课堂教学中"。近几年来，在新教育思潮的推动与国家新课程改革的背景下，六个教育改革实验区的基层科研人员与广大教师齐心协力，在课堂教学这一教学改革的主战场，演绎着一幕幕豪迈生动、充满理想与追求的课堂教学改革"攻坚战"，依据新的教育理念，基于新的教改目标，通过各自独特的课堂教学改革实践，提炼出诸如"生态课堂""现代课堂""文化课堂""卓越课堂""幸福课堂"等具有创新意味的课堂教学改革模式。这些课堂教学改革模式是否能真正体现科学的教育发展观，是否能真正实现区域教育改革发展的目标与使命，是否真正具有典型意义的示范性与推广价值，是否真正具有生命力并能惠及更多的受教育者？六个教育改革实验区下一步深化课堂教学改革需要检验并回答这些问题。不言而喻，这也是深化课堂教学改革的意义所在。

（二）教育综合改革实验区课堂教学改革的特色与典型

1. 杭州下城实验区的"生态课堂"

杭州下城实验区的"生态课堂"具有以下几个主要特点。①依据教育生态理论，突出主张"生活观、生命观、生态观"三观统一，缺一不可。"生态课堂"强调课堂是以生为本、关注生活的课堂，是学生所喜欢的课堂，是迸发出强烈生命活力的课堂。"生态课堂"要求教师所关注的绝不仅仅是知识，而是学习知识的人，他们的情感、态度、价值观，他们此时此刻课堂学习的质量以及精神生活质量，而不是简单地告诉孩子什么是对，什么是错。通过学生亲历的有效活动，让孩子自己悟到什么是对，什么是错，什么是该，什么是不该，即达成了自我教育，那么此刻的品德教育是成功的教育。②享受和谐氛围——"生态课堂"之"自由空气"。"生态课堂"给予学生的更多的是学习兴趣的培养、学习习惯的养成、思维品质的提升。教师在课堂上注意力的分配顺序，首先应是激发学生的学习兴趣和愿望、培养良好的学习习惯，然后才是认知。这样的课堂是充满智慧的、实现生命成长的生态课堂。对于学生来说，只有引导儿童学习和学会创造他自己的生活，才会成为有效的教学。"生态课堂"的和谐氛围，就像清新的空气，无形，无色，但弥散在教室的每一块空间，使每一个孩子能够自由、尽情地呼吸，让生活变得洒脱，心情变得美丽，使学习的每一天充满快乐。③充满人文关怀——"生态课堂"之"温暖阳光"。"生态课堂"是教师与学生生命共同融入的课堂。教师与学生生命共同融入的品德课，意味着教师不仅要对学生的每一节课负责，而且要对学生的一生发展负责，"生态课堂"追寻的是品德教育与人文教育的和谐统一。应当说，每一个学生都是一个独立的、自成一体的、有生命力的生态小环境，由这些独立的生命组成的课堂无疑是一个生态大环境，它不仅需要讲究"生态平衡"，也需要"生态保护"，这是对生命的关爱和尊重。①

2. 成都青羊实验区的"现代课堂"

2010 年，成都青羊区教育科学研究院承担了教育部规划课题《区域构建现代课堂的实践研究》，从此，青羊的课程改革走上了探索"现代课堂"之路，构建"现代课堂"成为青羊区推进基础教育课程改革的核心工作。青羊区把"现代课堂"的内涵描述为："现代课堂"是以培养现代人为根本目的，具有时代精神，反映现代特征，呈现个性特色，追求高质量的课堂。青羊区将"科学发展观"的理念用于指导教育，认为理想的课堂应倡导"以人为本、科学高效、可持续发展"的教学理念：以人为本是分析、解决课堂教学问题的最根本、最基本原则；科学高效是在每一节课堂教学中都应追求的当下目标；可持续发展是确立课堂价值取向与教学长远目标、定位课堂教学职能的根本指导思想。为了把概念化的思想变成教育意义上的、便于老师理解的思想，青羊区提出了"三化"教学理念。一是生态化。这是基于对课堂师生关系的认识，是对课堂主体（师生）和谐发展的生命呼唤，取向是构建自然、和谐、共生、可持续发展的课堂。二是活动化。这是基于对课堂教与学关系的认识，是对课堂教学过程的重新审视与定位，取向是构建开放、互动、多元、重实践的课堂。三是特色化。这是基于对课堂过程与结果关系的认识，是对教学效果、教学风格、发展风格的追求，取向是构建科学、个性、高效、具创新精神的课堂。为了更好地落实"现代课堂"在科学发展观指导下的"三化"教学理念，青羊区鲜明地提出"现代课堂"应具有六大特征：丰富多元、民主平等、科学合理、开放互动、先进高效、个性创新。并结合课堂要素赋予相应载体与落

---

① 《教育综合改革实验丛书》编委会. 高位均衡　轻负高质——杭州下城教育综合改革实验模式［M］. 北京：教育科学出版社，2012：87 - 92.

实要点以及具体的评价体系。①

3. 金州新区实验区的"文化课堂"

金州新区在深化课程改革与实践中，积极探寻彰显师生生命价值的"文化课堂"，通过突出师生的双主体，深挖课程的教育内涵，创新教学实践模式，活化教学方式方法，实现学生学习能力、实践能力和创新能力的有效培养。"文化课堂"的实践探索促进了金州新区教育教学质量的全面提高。"文化课堂"就是以"彰显师生生命价值"为核心价值追求，通过充分演绎课程内容的问题性和育人性，充分发挥教师教学的组织调控性，来充分调动学生的学习态度、学习意识和思维创造，使师生在对课程的生动理解中，个体的智慧、个性与活力得到完满展现。所以"文化课堂"是求"真"的课堂，是尚"善"的课堂，是向"美"的课堂。依"文化课堂"的本质内涵，"文化课堂"的基本特征是突出学生主体性，坚持教师主导型，深化课程育人性，激发学生创造性。"文化课堂"是一个开放的生命活动的系统，生命活动的系统不可能有一个绝对的量化指标。在开放的意义下，"文化课堂"要彰显高尚的教育哲学，要渗透丰富的课程内涵，要设计和谐的教学结构，要营造开放的智慧空间。而"文化课堂"的标准指向至少要体现出六种课堂的气度品质：高尚的课堂、真实的课堂、快乐的课堂、丰厚的课堂、和谐的课堂、创新的课堂。②

4. 深圳南山实验区的"卓越课堂"

自 2010 年以来，深圳南山实验区前瞻性地提出了"聚焦课堂、提升质量、树立品牌"的工作方针，在课堂改革方面，提出了区域构建卓越课堂文化的具体目标和有效措施，率先在国内全面构建卓越课堂文化体系，探索出卓越课堂文化建设之路，这是南山追求教育现代化、国际化的标志性成果。南山区卓越课堂文化建设，进行了下列六方面的尝试：①改革趋势：从模式的建构到文化的变革；②改革核心：从"依靠教"向"依靠

① 《教育综合改革实验丛书》编委会. 城乡统筹　质量领先——成都青羊教育综合改革实验模式 [M]. 北京：教育科学出版社，2012：337 – 346.
② 《教育综合改革实验丛书》编委会. 多样开放　国际融合——大连金州新区教育综合改革实验模式 [M]. 北京：教育科学出版社，2012：118 – 124.

学"的转型；③区域模式：建构了"六要素"学本课堂（简称"六学"课堂）；④推进策略："基本式＋变式"的区域构建；⑤科学平台：实现网络化信息技术与课堂教学的有效整合；⑥突围"导学案"：建构"问题导学单"与"导学工具包"的设计体系。卓越课堂文化的核心理念是以学为本、问题导学，以此统领全区教师教学观念、教学方式和教学行为的深度转型，由教师传递型课堂、教师导学型向问题导学型以及学生自我导学型课堂转型，努力改变过去"以教代学""有教无学"的局面。卓越课堂文化的内涵是从"教本"走向"学本"。卓越课堂文化是南山区卓越教育文化的重要体现，是课堂文化的高级形态。在卓越课堂文化建设视野下，教学环境、教学关系、教学条件、教学方式、行为要素等都被赋予了新的含义。2012 年，在南山区召开的全国中小学整改委第六届年会上，来自全国的教育行政官员以及中小学校长高度评价了南山区卓越课堂文化建设所取得的成就。教育部基教一司高洪司长高度评价说："特别是以深圳市南山区为代表的，在课程这样一个重要领域进行了突破，此成果对于推动全国的基础教育特别是课程改革是具有重要意义的。"①

5. 宁波鄞州实验区的"幸福课堂"

鄞州区立足"幸福中国"大背景，率先提出了"先让学校幸福起来"的先进理念，将"幸福教育"确立为全区教育综合改革的主题和主线，并由教育局长亲自挂帅成立了"幸福课堂校际联盟"。在此基础上，专家组成员与"幸福学校国际联盟"核心专家一道研发了幸福课堂的标准与评价指标：①快乐是幸福的真谛；②劳动是幸福的源泉；③善于劳动是幸福的阶梯；④劳有所得是幸福的保障；⑤人际互动是幸福的沃土。专家组还提出了幸福课堂评价的基本原则：①科学性；②基础性；③有效性；④简约性；⑤实用性；⑥导向性；⑦诊断性；⑧发展性。此外，专家组还研制了幸福课堂的核心指标体系，并且通过加权求和综合评价模型可以分别计算

---

① 《教育综合改革实验丛书》编委会. 追求卓越　对话世界——深圳南山教育综合改革实验模式［M］. 北京：教育科学出版社，2012：75 – 129.

出一级、二级指标分项幸福指数和课堂整体幸福指数。[①]

（三）深化课堂教学改革的策略

1. 处理好继承与创新的关系

我国是一个具有数千年深厚教育文化底蕴的国家，有着独特丰富的课堂教学实践和改革的经验，其中一些至今仍有生命力。譬如：温故知新，寻找新旧知识的关联和生长点；教师系统传授教材内容，精心处理重点、难点；运用边讲边问，注意启发学生思考；强调师生共同参与、双向交流，取代教师满堂灌的单向传授；精心组织练习，小步快进，当堂反馈校正，力求把问题解决在课内……但是，与发达国家教育改革的先进理念与经验相比，传统教学思想和方式也存在很大的局限性，主要表现为：习惯于从概念出发，而不是从问题出发；注意结论的记忆，而忽视对知识的发现过程和思维方法的探究；过分强调教师的主导作用，缺乏对学生自主精神、独特个性和创新意识的尊重与关怀；书本知识与实际生活及学生已有的认知经验联系交融不够；团队活动、实践环节薄弱；未充分认识学生小组学习、生生合作互动的作用。因此，我们在重视创新的同时，还应十分重视对于前人优秀成果的继承，在继承、反思我国传统教学优点与不足的基础上，扬长避短。在此，重视继承前人优良的教育传统，并不意味着墨守成规，而要坚持"古为今用""洋为中用"的原则，以科学、实事求是的态度，研究国内外课堂教学发展实践中值得借鉴的经验和值得吸取的教训，在教学内容、教学模式和教学方法等方面做大胆的尝试，要敢于超越传统，综合创新。

2. 促进课堂教学科研成果的推广应用与资源共享

根据国家《教育规划纲要》及区域教育发展规划的要求，实施课堂教学改革的"攻坚战"，既不能凭一校之力，也不能仅凭热情与兴趣，必须高度重视并紧密依靠教育科研，从教育科研中吸取课堂教学改革的动力与

---

① 《教育综合改革实验丛书》编委会. 高位提升　惠及全民——宁波鄞州教育综合改革实验模式［R］. 2012.

营养，提高课堂教学改革的水平与效率。区域内教育的均衡优质发展是区域教育综合改革的重要目标，促使既有优秀的课堂教学科研成果在区域内甚至跨越区域推广应用，惠及更多的师生、学校、家长，实现优质教育资源的共享，这本身就是教育科研肩负的重要使命与应当体现的价值目标，中国教科院教育综合改革实验区在此方面进行了一些有益的探索与尝试，也有不少亟须进一步探索、攻克的课题。要更好地促进课堂教学科研成果的推广应用，尽可能实现优质教育资源共享，中国教科院与各实验区教育行政部门及基层教育科研人员在理念意识、制度环境、激励机制、经费投入、组织保障、团队建设、项目引领等方面应当进一步开动脑筋、创新探索。

3. 加大课堂教学骨干能手群的培养，促进专业化成长

课堂教学骨干能手群的培养，是教育综合改革实验区教师队伍建设的一个独特、专门的方向和领域，这些教学骨干能手不仅仅要符合基本的国家教师标准和契合区域教育规划对教师队伍建设的目标要求，更主要的培养目标和能力要求是：他们对课堂教学积累了丰富的经验、具有独特的课堂教学感悟、具有较高的课堂教学本领和艺术、具有开展课改实验升华课堂教学经验的科研素养、有传播推广课改成果及指导教师专业成长的意愿等，这样的课堂教学骨干能手群对区域教育均衡优质发展目标的实现、对区域内普通教师的专业化成长，特别是对区域课堂教学改革的深入发展具有决定性作用。青羊实验区在实施"名师工程"过程中，突出建设教学名师后备人才库，加强对学校中层干部、班主任、学科带头人、名师、市青优、教研组长、教研员等的培养，为青羊各级名优教师的选拔提供后备人选。此外，青羊区还建立了10个"特级教师工作室"，由特级教师带领工作室成员，结合教育教学实践进行课题研究，以项目研究或指导带教等形式，引导教师课堂教学能力的提高。下城实验区推出了"梯级名师培养工程"，设立了下城人民教育功臣（对下城教育事业具有杰出贡献的教师授予"下城人民教育功臣"，为终身荣誉）、教育名家（不超过在职教师的2%）、教育英才（不超过在职教师的5%）、教育标兵（不超过在职教师的15%）、教育能手（不超过在职教师的30%）等骨干教师人才梯队，致力于

为不同年龄、不同区域的教师，不同类型和不同层次的教育人才创造发展的机会与空间。至 2011 年，下城区共评选出梯级名师 1598 人，占在职教师的 50%，壮大了下城教育的阶梯型名师群，形成了下城教育独特的人才培养模式。[①]

4. 构建高效实用的"课堂教学科研平台"，提高课堂教学科研水平

构建高效实用的"课堂教学科研平台"，有利于提高课堂教学科研水平，从根本上减轻教师负担，提高教师课堂教学的科学性、创新性，提高课堂教学工作的效率。教师职业的一个很大特点是单兵作战，不少教师大多靠个人经验和个体力量解决日常课堂教学的问题，在重复、烦琐、负荷高的低效劳动中疲于应付，没有时间和精力及时对自己的实践进行反思和提炼。而教师间的相互合作与学习是教师成长最直接的资源之一，可以把建设"优质课堂教学资源共享平台"列入区域教育科研规划，一些名师、优秀教学骨干的经典课堂教学案例、独特的教学手记、教学成果都可以放到资源共享平台中，教师随时可以浏览、学习。区域基层教研活动还应该为教师间的合作、研讨搭建科研平台，如一些有针对性、应用性强、能破解共同期待的教学难题的科研项目，就可以发挥基层教科院（所、室）、教研组、名师工作室等科研团队的集体力量，发挥项目的科研平台作用，让更多的教师骨干有机会相互学习和借鉴，在项目合作实践中提高课堂教学科研水平，加速学者型教师的成长。例如，深圳南山区吸收区内外教育智慧，合力培养教师，推动开放、立体、多维的教师研修，建设有活力的学习型教师梯队，打造自主性教师学习文化。南山区在新型名师的培养与发展上，主要采取如下措施：一是成立"南山名师导师团"。聘请国内有影响力的退休特级教师、知名教授、教育专家，担任南山教师继续教育导师。二是成立"名师发展共同体"。创设成才氛围、机制，重视名师选拔使用，强化提炼名师思想、方法和风格，激活教师内驱力，有针对性地丰富成熟期教师、成名期教师的继续教育成果。三是大力推进名师工作室、

---

① 《教育综合改革实验丛书》编委会. 高位均衡　轻负高质——杭州下城教育综合改革实验模式［M］. 北京：教育科学出版社，2012：101-102.

片区校联合体。"十一五"期间，全区共评出 4 名特级教师、2 名广东省名教师、35 名南山区学科带头人、72 名南山区中青年骨干教师。南山区还成立了中小学各学科专业委员会和特级教师协会，为教师的专业发展搭建了很好的平台。①

三、加大改革实验力度

（一）教育综合改革实验区的目标追求

国家《教育规划纲要》对今后十年我国教育改革发展做出了全面谋划和部署，开启了我国从教育大国向教育强国、从人力资源大国向人力资源强国迈进的历史征程，全面推动教育事业科学发展。为了适应教育发展新形势的要求，根据教育部工作的整体部署，中国教科院在全国东中西部选择有代表性的地区建立教育综合改革实验区，探索区域性推进教育改革发展的成功模式。在我国教育科学研究发展的历程中，由国家级的教育科研院（所）与地方政府（区县）合作建设教育综合改革实验区，还是一种教育科研组织形态的崭新尝试。为保证教育综合改革实验区建设的科学发展和可持续发展，中国教科院与实验区地方人民政府共同协商，明确了教育综合改革实验区建设的目标和定位：研究新时期我国教育发展的新情况、新特点、新任务及其在实验区区域的具体表现；促进综合教育改革实验区教育质量的全面提升；提炼实验区的教育经验，推广有价值的教育模式；形成迅速、可靠的全国教育信息反馈机制，为国家教育政策的制定、执行和调整提供可靠根据，促进全国教育事业的健康发展。双方共同拟定了教育综合改革实验区的工作任务：研究制定符合实验区特点的区域教育发展规划；根据实验区教师发展的需要，创新教师培训模式，不断提高教师专业化水平；以精准化为导向，提高教育管理效能，加强教育质量检测；研

① 《教育综合改革实验丛书》编委会．追求卓越　对话世界——深圳南山教育综合改革实验模式［M］．北京：教育科学出版社，2012：35－36．

究素质教育新形势，探索思想品德教育、心理健康教育和课程改革的成功经验及有效措施；建立中国教科院教育综合改革实验区联席会制度，促进实验区教育水平的整体提升；根据实验区的需要增设有特色的合作内容。①

（二）探索区域教育改革新的"增长极"

2012 年 6 月，中国教科院与重庆市九龙坡区合作设立九龙坡教育综合改革实验区，这是继杭州下城、成都青羊、大连金州新区、深圳南山、宁波鄞州之后，中国教科院与区域人民政府合作创办的第六个教育改革综合实验区。这些教育综合改革实验区，承载了中国教科院及实验区所在区域探索教育发展及教育科研转型新路的宏伟抱负和战略决策。成都青羊区以"城乡统筹、质量领先"为主题，努力践行着"让学生愉悦、老师舒心、家长放心、社会满意"的青羊教育，追求区域教育优质、深度均衡发展，成为率中西部之先的领跑示范区，在西南地区发挥着重要的辐射和示范作用。深圳南山区以"追求卓越、打造一流"为南山实验区建设和发展目标，创建了卓越教育文化体系，建构了卓越教育发展平台，培养了一批充满活力的卓越型教师队伍，搭建了促进学生个性发展的课程平台，建构了卓越课堂文化体系，为推动我国区域教育改革和发展发挥了示范引领的重要作用。宁波鄞州区以"高位提升、惠及全民"为区域教育改革创新的战略目标，经过理论和实践探索，初步形成了"高位提升、惠及全民统领鄞州教改，鄞州教改聚焦幸福教育，幸福教育打造鄞州品牌"的鄞州教育综合改革实验模式，领跑全国幸福教育的格局初步形成。金州新区以"多元开放、国际融合"为理念导引，在全域推进现代学校文化建设、"文化课堂"实践探索、特色校本课程系统开发等方面取得了具有影响力的创新成果。如上所述，中国教科院教育综合改革实验区经过几年的教育改革探索，在区域教育的若干领域取得了一些独特的、富于创新和具有示范价值的成果。

---

① 中国教育科学研究院. 教育综合改革实验区工作方案（2010—2015 年）［R］. 中国教育科学研究院，2010.

但是，在新形势下，教育综合改革实验区要在教育改革发展上取得新的突破，要率先全面实现区域教育现代化的目标，努力办好所在区域人民满意的教育，要进一步提升区域教育高位均衡发展，拓展区域优质教育资源规模，升华与普及推广区域教育实践成果的理论，促进各级各类教育协调和谐发展，建设现代学校制度，深度推进课堂教学改革，实现教育发展方式的根本转变，这些方面既是诸多发展矛盾与困难丛生交集的深水区，也是区域教育发展突破所面临的瓶颈带、高原区。因此如果教育改革实验区在如上领域能攻坚克难、化解矛盾、突破瓶颈，实现区域教育的可持续发展，这也必将成为区域教育发展新的"增长极"。

（三）提升实验项目及内容的"原创性"与"实验性"

面向未来教育，教育综合改革实验区要进一步贯彻《教育规划纲要》精神，坚持科学发展观，秉持办人民满意教育的宗旨和创新理念，发挥教育综合改革实验区在中国教育改革发展中的"前哨""前沿"与"引领"作用，敢为人先、科学实验，把创新作为常态性工作来做，切实提升实验项目及内容的"原创性"与"实验性"。

党的十八大报告指出，建设社会主义文化强国，关键是增强全民族的文化创造活力。教育的原创性是文化创造活力的具体体现之一。一个地区教育的原创性活力强劲，源源不断，具有本地特色、突出本地优势、符合效率原则、由本地率先提出的原创性教育成果就会大量涌现，就能激发实验区教育工作者的创造活力，从而促进本区域在教育事业改革与发展中解放思想、创新思路。用科学发展观做指导，寻求解决改革发展过程中的突出矛盾和瓶颈性障碍，是区域教育取得突破和发挥优势特色的根基和原动力。

提升实验项目及内容的"实验性"，要在区域教育改革发展中坚持科学的精神和科学的态度，既要大胆实践、勇于创新，更要尊重科学、掌握规律，不盲目决策、一哄而起、草率行事，要按照"实验"的要求与规律，先行先试，在局部"试点""实验"取得成效与突破后，再总结经验，应用取得的成果和掌握的规律，使更多的学校和更大范围的教育人口受益。

（四）科研资源向实验区倾斜

中国教科院教育综合改革实验区的工作方针是：院区共建，整体推进，科研引领，创新发展。中国教科院在与区域人民政府合作建设实验区的过程中，其职能、优势、资源即是中国教科院所拥有的专家、项目、成果等科研资源。前期教育综合改革实验区建设之所以取得了一些突破性的发展和进步，与中国教科院充分依靠常驻实验区专家团队与院内相关研究中心的科研专家团队，扎根、深入实验区进行创造性的科研工作是密不可分的。在实验区教育改革事业可持续发展的进程中，要更好地发挥好"科研引领"的作用，就要更多地依靠和引进中国教科院的教育科研资源。中国教科院在实验区建设发展进程中，应当在实验区核心专家团队及后备专家团队建设、科研成果的推广等方面向实验区倾斜。此外，应当创新实验区科研资源的利用方式，适当吸取和引进院外居于教育科研前沿的创新人才及创新科研成果，确保实验区建设得到强有力的科研引领和支撑，使实验区的建设真正步入科学发展的轨道。

四、打造特色品牌项目

（一）打造特色品牌项目对实验区的建设与发展意义重大

在现代商业社会，企业产品竞争主要表现为品牌的竞争，一个企业创立了消费者信赖的品牌，就会拥有顾客的忠诚，从而占据市场竞争的主动权，对此问题人们已经达成共识。同时，由于品牌内涵的丰富性，品牌建设不仅是企业需要高度关注的问题，而且全社会都应给予高度重视。毫不夸张地说，品牌竞争已经成为社会重要的生存法则之一，社会的各个领域、各个行业、各个层面都应该树立品牌意识、重视自身的品牌建设。在教育综合改革实验区的发展过程中，也要树立品牌意识，丰富实验区教育应有的品牌内涵与文化内涵，不仅要塑造良好的教师、学生、家长等个人品牌形象，也要着力塑造学校、社区、教育机关全方位地服务于民、服务于学生、服务于社会的品牌意识，打造一批"品牌"学校、品牌教育社区、品牌教育机构，提高实验区教育服务区域现代化建设的质量与水平，提升实验区教育的创新力、影响力与美誉度，从而赢得广泛的社会尊重与认可，为实验区教育赢得可持续发展的空间。

（二）实验区打造特色品牌项目的初步实践

成都青羊区立足现行教育制度，在小学试点"一校两部"的国际化办学模式，重点将花园国际学校等校打造为品牌国际学校。为学校配置现代化的硬件设施与国际化的师资队伍，以学术与活动为两大抓手，着力创造二元制的学校管理模式和"与世界同行"的校园文化建设，如清新优美的园林式校园、国际文化体验馆（中式、西式）、开放的世界教室、室外移动教室、中国成语园林、外国谚语走廊、"教化若水"的生态鱼池、"关爱生命"的生态农场、国花班级文化、五大洲大厅等。在营造国际化的外部环境、二元化的师资队伍建设及学术支撑与双向活动交流等方面，致力于将花园国际学校打造成为一所世界级的花园学府。①

深圳南山区以"树国际城市标杆"为背景，经过几年的实践与探索，形成了具有初步品牌效应的南山教育体系：创建了卓越教育文化体系，建构了卓越教育发展平台；以"四支队伍建设"为目标，培养了业务精湛、充满活力的卓越型教师队伍；以能力取向、多维发展为特色，建构三级课程体系，搭建了促进学生个性发展的课程平台；以"以学为本、问题导学"为核心理念，实施"三轮驱动"工作机制，建构了卓越课堂文化体系；以"智慧南山"为愿景，实施"四大工程"，全面推动了资源整合、立体分享的教育云服务；以"课题引领、研究推动"为导向，建立教育科研高地，搭建了行政推动、集成创新的科研平台；以"对话、理解、融

---

① 《教育综合改革实验丛书》编委会. 城乡统筹　质量领先——成都青羊教育综合改革实验模式［M］. 北京：教育科学出版社，2012：234 - 235.

合、发展"为战略思想，全面推进教育国际化建设，建立了"国际合作、对话世界"的开放教育体系。[①]

杭州下城教育综合改革实验区历经四年多的艰辛探索，在区域教育生态理论的引领下，在探索"高位均衡、轻负高质"的实验模式过程中，高位均衡的教育制度体系更趋完善；区域开放办学特征更加明显；品牌学校更具特色和多样性；生态课堂的质量有了更大提高；区域教育现代化质量监测与评估体系日趋成熟……用经历并记录这一改革发展历程的下城教育工作者的话来说，下城教育综合改革实验已经习养了当地教育文化的独特气质，淬炼了下城教育的质地与定力，促进了下城教育水平的整体提升，并通过多种教育途径初步展示了具有下城鲜明特色的下城教育品牌效应，对下城正在成长的受教育者、教育工作者乃至所有下城人的精神信仰产生了极大的影响。[②]

五、建设实验区联盟

（一）区际联动是实验区的重大战略举措

为了更好地贯彻落实《教育规划纲要》精神，充分发挥每个实验区的特色和优势，努力打造全国区域教育发展模式和样板，探索实验区快速、可持续发展的路径，中国教科院在实验区建设初期就十分重视实验区之间的合作交流，并将其作为实验区整体推进、协调发展、做大做强的有效途径和策略。在实验区已经取得良好成绩和经验的基础上，中国教科院在已建成的几个教育综合改革实验区，努力搭建区际联动的各种有效平台，推进区域教育理论与实践创新。

---

① 《教育综合改革实验丛书》编委会. 追求卓越　对话世界——深圳南山教育综合改革实验模式［M］. 北京：教育科学出版社，2012：2.
② 《教育综合改革实验丛书》编委会. 高位均衡　轻负高质——杭州下城教育综合改革实验模式［M］. 北京：教育科学出版社，2012：191－192.

　　2009 年 11 月，中国教科院第一届教育综合改革实验区联席会议在杭州下城区召开。实验区联席会议机制是实验区联盟建设迈出的第一步。2010 年 11 月，在成都青羊召开的中国教科院教育综合改革实验区第二届联席会议讨论并通过了《"全面加强区际联动，深化综合改革实验"工作方案》，其指导思想是坚持以"资源共享、形成机制、区际联动、整体发展"为指导方针，强化区域教育特色和品牌效应，发挥区际联动功能，增强区域教育的辐射效应，扩大实验区作为一个整体的影响力，深入推进区域教育改革与发展。该方案确定了以下四项工作机制。①定期联席会议与不定期工作会议相结合机制。中国教科院每年召开一次实验区联席会议，形成下一年度实验区建设工作方案。中国教科院或各实验区根据工作需要，不定期召开工作会议，及时协调、研究、解决与实验区建设有关的重要问题。②教育局局长（书记）直接交流对话机制。在继续巩固专家组之间对话机制的同时，加强各实验区教育局局长（书记）之间的直接沟通和交流，提高联合行动的实效。③资源共享机制。进一步加强各实验区之间对信息、技术、课程、人力、培训等优质资源的共享力度，最大限度发挥资源整合的优势。④联动项目与集体攻关机制。围绕区域教育发展和实验区建设共同关注的重要议题，制定实施各实验区共同参与的联动项目。各实验区之间紧密合作，协同作战，集体攻克区域教育发展的热点和难点问题。

　　中国教科院教育综合改革实验区的各成员单位充分利用交流合作平台，加强与兄弟实验区之间的区际联动，有力地促进了各实验区的发展。

（二）实验区联盟建设是新的增长点

　　课堂是深入实施素质教育的核心载体，课堂教学质量是教育质量的核心要素。中国教科院始终以课堂为抓手，致力于以课堂教学改革推动整个区域的教育综合改革进程。2012 年 5 月，中国教科院在青羊区召开教育综合改革实验区高质量课堂展示与研讨活动，聚焦课堂教学模式创新，大力提高课堂教学质量。来自中国教科院五个实验区的小学语文、数学、英语优秀教师代表现场呈现了 15 节理念先进、形式多样、特色鲜明、充满活力的课堂，为与会者认识、理解、反思高质量课堂提供了不同视角，带来了全新启发。中国教科院特邀五个实验区小学语文、数学、英语优秀教研员代表参会并做专业点评。在研讨环节，每位教师就所授课程做了深度反思，教研员团队就每节课堂和每位教师的综合表现做了精彩点评，同时全体参会代表进行了互动，就如何完善课堂教学策略、创新课堂教学模式以及打造高质量课堂进行了深入讨论。来自五个实验区的教师、校长、教研员代表以及教育行政部门和教育科研部门负责人近千人参加了本次活动。大家一致认为，深入实施素质教育，加快推进教育教学改革，关键在课堂。建设高质量课堂，不仅有利于提高学生的学习效率，培养学生的创造性思维，减轻学生的学业负担，而且有利于激发教师的创新精神，培养高素质的教师队伍。因此，中国教科院召开实验区高质量课堂整体展示活动，非常必要和及时。同时，此次会议也进一步加强了五个实验区间的资源共享和联动发展。代表们殷切希望实验区高质量课堂展示活动能够持续深入地开展下去，逐步扩大展示与交流范围，丰富活动内容和组织形式，积累更多具有推广价值的课堂教学改革经验和模式，为助推全国的教学改革进程做出应有的贡献。

校长的角色在学校发展中起着决定性的作用。在某种程度上，一名好的校长，就代表着一所好的学校。为了加强实验区的校长队伍建设，2013年3月，中国教科院和金州新区管委会共同主办了"教育综合改革实验区名校长特邀论坛"。来自各个实验区的14位名校长围绕"学校特色建设与内涵发展"，从学校文化建设、校本课程建设、课堂教学改革、学校社团发展、教师队伍建设等角度全面介绍了学校的办学经验和所取得的成果，并交流了对下一步工作的思考和计划。论坛期间，大会以"如何培育名校长""如何培育名教师""如何提高课堂教学质量""如何创建学校特色文化""如何开展学校德育"为主题设立了五个分论坛，与会的校长结合实际工作，各抒己见，从多个角度、多个层面展开了深入交流。超前的理念、新颖的观点冲击着与会人员的思维，拓展了未来教育工作不断深化、改革创新的空间。

此外，在下城实验区每年一度的中国杭州国际教育创新大会（文晖论坛）、青羊实验区举办的中英国际气候课堂教育论坛、南山实验区举办的"中外卓越校长南山对话"等各具特色的高规格教育研讨活动中，都能看到各个实验区代表的身影。

实验区联盟的形成，促进了所有实验区的整体提升和特色发展。他山之石，可以攻玉。优势互补，共享共赢，各实验区在互动交流中都得到了前所未有的提升，正以集团化发展的强劲势头，成为推动中国教育改革的一股重要力量。

总之，要深化教育综合改革实验区的综合改革，必须坚持"科研引领"的工作方针，进一步推动课堂教学改革，加大教育综合改革实验的力度，努力打造区域特色品牌项目，建设实验区联盟，实现区域教育的特色发展。

为适应我国教育改革发展形势的需要，整体推进区域性教育改革发展，探索具有中国特色区域发展模式，本着"院区共建，整体推进，科研引领，创新发展"的方针，自 2008 年 5 月开始，中国教科院先后在东部、中部和西部几个有代表性的区域成立了教育综合改革实验区。

五年多来，在中国教科院和各实验区区委、区政府的有力领导下，在各区教育主管部门的精心培育下，在广大校长和教师的积极参与和支持下，中国教科院教育综合改革实验区工作不断取得新进展。通过各方面的共同努力，实验区整体水平不断上升，优势和特色不断彰显，在全国范围内产生了越来越大的影响。实践证明，实验区为我国区域推进教育改革提供了经验和样板，为区域之间联动发展搭建了桥梁，为中国教科院科研发展开辟了新路径。

2010 年 11 月 10 日《光明日报》专题报道了中国教科院教育综合改革实验区的经验与做法，指出："在全国不同区域设立教育综合改革实验区，以小带大，进而带动全国教育的整体均衡发展，这些模式正逐步成为国内区域教育改革发展的新亮点。"2013 年 1 月 9 日《光明日报》再次对中国教科院教育综合改革实验区作了专题报道，指出："无疑，这种合作将成为中国教育改革发展史上独具新意的一笔，民间的智慧、创造将得到发现、肯定、推广，它们也将构成中国教育不可缺失的篇章。"

2013 年 5 月 16 日，值杭州市下城实验区成立五周年之际，中国教科院与杭州市下城区人民政府签订了第二轮共建教育综合改革实验区合作协议，标志着实验区工作进入了新的深化发展阶段。

本书从实验区的背景和意义、顶层设计、发展模式、发展成就以及未来深化发展的策略等几个方面，尝试对中国教科院教育综合改革实验区工作进行系统的梳理和总结，期望为探索中国特色区域教育发展模式、办人民满意的教育积累有益经验。我们深知，教育综合改革实验区的建设仍然任重道远，我们愿与有志于区域教育综合改革理论与实践研究的同仁一道，为探索区域教育发展之路做出新的贡献。

本书全书由李晓强、蒋峰、杨清设计、统稿。各章撰写人如下：第一章，李晓强；第二章，杨清；第三章、第四章，王新波、王鑫、刘光余、李铁安、韩立福、孟万金；第五章，蒋峰。由于时间有限，水平所囿，本书难免会存有疏漏与不足之处，恳请大家多提宝贵意见，以便教育综合改革实验区工作在继续探索中不断完善。

编　者
2013 年 11 月

出版 人　所广一
责任编辑　刘明堂
版式设计　贾艳凤
责任校对　贾静芳
责任印制　曲凤玲

图书在版编目（CIP）数据

教育综合改革实验区的研究与实践／李晓强等著
. —北京：教育科学出版社，2015.1
　（国视教育研究书系）
　ISBN 978 - 7 - 5041 - 9234 - 9

　I.①教… II.①李… III.①教育改革—研究—中国
IV.①G521

　中国版本图书馆 CIP 数据核字（2014）第 302221 号

教育综合改革实验区的研究与实践
JIAOYU ZONGHE GAIGE SHIYANQU DE YANJIU YU SHIJIAN

出版发行　**教育科学出版社**
社　　址　北京·朝阳区安慧北里安园甲9号　　市场部电话　010 - 64989009
邮　　编　100101　　　　　　　　　　　　　编辑部电话　010 - 64989419
传　　真　010 - 64891796　　　　　　　　　网　　址　http://www.esph.com.cn

经　　销　各地新华书店
制　　作　北京金奥都图文制作中心
印　　刷　保定市中画美凯印刷有限公司
开　　本　169 毫米×239 毫米　16 开　　　　版　　次　2015 年 1 月第 1 版
印　　张　8.75　　　　　　　　　　　　　　印　　次　2015 年 1 月第 1 次印刷
字　　数　113 千　　　　　　　　　　　　　定　　价　39.00 元